KB268188

올림포스의 신들

＊일러두기
이 책에 실린 모든 그림은 퍼블릭도메인입니다.

올림포스의 신들

양승욱 지음

신화의 문을 열며

오래전, 지중해의 푸른 바다 위로 태양이 솟아오를 때 고대 그리스인들은 그 빛 속에서 황금 전차를 모는 신의 형상을 보았습니다. 천둥이 대지를 울리면 신들의 왕 제우스가 노여워한다고 생각했고, 잔잔한 수평선이 집채만 한 파도로 변하면 바다의 신 포세이돈이 변덕을 부린다고 여겼습니다. 그들에게 신화는 단순한 이야기가 아니라, 거대한 자연과 이해할 수 없는 운명을 해석하는 유일한 언어였습니다.

시간은 흘러 신전은 무너지고 신들의 이름은 박물관의 대리석 조각으로 남았습니다. 그런데 정말 신화는 끝난 것일까요?

우리는 지금도 설명할 수 없는 공포를 느끼면 목신 판의 비명인 패닉을 경험합니다. 거울 속 자신의 모습에 도취한 채 타인을 외면하는 나르시시즘의 늪에 빠지기도 하며, 한 번 열면 되돌릴 수 없는 판도라의 상자 같은 선택 앞에서 주저하기도 합니다. 신화는 결코 죽지 않았습니다. 그것은 언어와 심리학의 분석, 그리고 수많은 영화와 소설이라는 현대의 성전聖殿 속에 여전히 뜨겁게 살아 숨 쉬고 있습니다.

이 책은 태초의 혼돈인 '카오스'에서 시작하여 올림포스의 열두 신이 세상을 다스리는 '질서'의 시대를 지나, 신들에게 도전하고 사랑하며 파멸했던 '인간'의 이야기까지 담고 있습니다. 이 고대의 연대기를 다시 읽어야 하는 이유는 명확합니다. 신화에 등장하는 신들의 질투와 사랑, 오만과 희생은 바로 오늘을 살아가는 우리의 모습이기 때문입니다. 제우스의 권위는 권력을 향한 인간의 본능을, 아테나의 지혜는 문명을 일구려는 이성의 의지를, 디오니소스의 광기는 억눌린 자아의 해방을 갈구하는 내면의 목소리를 보여줍니다.

이제 여러분을 올림포스의 험난한 고갯길로 초대합니다. 티타노마키아의 거대한 폭발음이 들리는 전장으로, 은빛 화살이 가로지르는 달빛 아래 숲으로, 사랑하는 아내를 찾기 위해 거문고리라 하나에 의지해 내려가는 어두운 지하 세계로 말입니다.

이 여정의 끝에서 여러분은 깨달을 것입니다. 읽어 내려간 그 기나긴 신들의 이야기가 결국은 인간이라는 존재의 거대한 심연을 탐험하는 지도였다는 사실을요.

자, 이 책의 페이지를 넘겨 혼돈이 질서로 바뀌는 최초의 순간으로 뛰어드세요. 고대의 신들이 여러분을 기다리고 있습니다.

올림포스의 문이 활짝 열렸습니다. 준비되셨나요?

차례

프롤로그_ 신화의 문을 열며 **4**

1장

카오스에서 세상이 탄생하기까지

어둠 속의 시작, 카오스 **12**

대지의 어머니, 가이아 **17**

우라노스와 크로노스 **21**

티탄 신족의 시대 **25**

티타노마키아 **30**

기간테스와 티폰 **36**

불을 훔친 프로메테우스 **53**

판도라의 상자 **58**

인류의 다섯 시대 **63**

데우칼리온과 피라 **68**

2장

하늘과 바다, 지하 세계를 담당하는 신들

천상의 지배자, 제우스 **74**

이오의 눈물과 방랑 **80**

밤하늘의 곰이 된 칼리스토 **85**

질투의 여왕, 헤라 **89**

바다와 지진의 신, 포세이돈 **93**

아름다운 바다의 여왕, 암피트리테 **98**

어둠의 제왕, 하데스 **103**

신들을 속인 시시포스 **107**

신들을 시험한 탄탈로스 **112**

3장

신의 광명에 도전한 인간들

대지의 눈물, 데메테르 **118**

데메테르의 전령, 트리프톨레모스 **123**

멈추지 않는 허기에 시달린 에리식톤 **130**

레토의 험난한 출산 여정 135

빛과 음악의 신, 아폴론 139

태양 마차를 몰고 싶었던 무모한 소년, 파에톤 143

아폴론과 대결을 펼친 마르시아스 148

레토의 분노를 산 니오베 153

해바라기가 된 요정, 클리티아 158

4장

결함을 가진 신들의 좌절

전쟁과 지혜의 여신, 아테나 162

거미가 된 아라크네 165

피의 광기과 전쟁의 신, 아레스 170

달빛 속의 사냥꾼, 아르테미스 174

5장
기적과 예술을 창조하는 신들의 권능

미의 여신, 아프로디테 **182**

사랑의 연금술사, 에로스 **188**

진실한 사랑의 완성, 프시케 **191**

자신과 사랑에 빠진 소년, 나르키소스 **197**

불꽃 속의 장인, 헤파이스토스 **206**

소통의 달인, 헤르메스 **210**

축제와 환희의 신, 디오니소스 **215**

하데스를 울린 천재 음악가, 오르페우스 **220**

황금을 만드는 손, 미다스 **225**

조각상에 생명을 불어넣은 조각가, 피그말리온 **228**

올림포스의 완성 **232**

에필로그_ 신화가 남긴 메아리 **237**

올림포스 인물 사전 **240**

1장

카오스에서 세상이 탄생하기까지

어둠 속의 시작, 카오스

　모든 이야기에는 시작이 있기 마련이죠. 하지만 지금부터 펼쳐 볼 이야기는 시작이라는 단어조차 없었던, 철저한 부재不在의 시간에서 출발합니다.

　먼저 아무도 살지 않았던 태초의 밤을 상상해보세요. 눈을 감았을 때 마주하는 완벽한 어둠보다 더 밀도 높은 어둠, 숨을 들이마실 때 느껴지는 텅 빈 공간보다 더 서늘하고 공허한 공간을 말이에요. 그리스 신화에 따르면, 우주가 처음 생겨나기 전에는 시간의 흐름도, 공간의 경계도, 어떤 개념도 정립되지 않았습니다. 그저 아득한 이름 하나만이 고요한 심연을 메우고 있었죠. 바로 카오스입니다.

　카오스는 흔히 생각하는 무질서한 소란이 아니었습니다. 어원에 따르면, 카오스는 '입 벌린 심연' 혹은 '거대한 틈'을 의미합니다. 마치 우주가 거대한 입을 벌려 숨을 들이마신 채 동작을 멈추고 있는 찰나의 정적과 같다는 거죠.

모든 것이 뒤섞여 있고 모든 가능성이 소용돌이치고 있었지만, 그 무엇도 정해진 형태를 고집하지 않는 상태였습니다. 마치 마법사가 가장 강력한 주문을 외우기 직전 세상의 모든 공기가 긴장으로 팽팽해진 그 짧은 순간의 침묵처럼, 거대하고 낯설며 폭발적인 잠재력으로 가득 찬 곳이었습니다.

태초의 카오스 안에서는 물질의 성질조차 반역을 일으켰습니다. 뜨거운 열기는 차가운 냉기와 뒤엉켜 구별되지 않았고, 단단한 바위의 속성은 물컹한 액체의 속성과 한 몸이었습니다. 무게가 있는 것은 위로 솟구치려 하고, 가벼운 것은 아래로 가라앉으려 하는, 우리가 아는 물리법칙이 완전히 무너진 상태였죠.

만약 그때 그곳에 있었다면, 자신이 존재한다는 사실조차 느끼지 못했을 것입니다. 비명을 질러도 소리는 전달되지 않았을 테고, 손을 뻗어도 만져지는 것은 오직 허무뿐이었을 테니까요. 그 순간에는 여러분도 형체 없는 혼돈의 아주 작은 파편에 불과했을 테니 말입니다.

하지만 신화 속 세계는 이 무거운 공허함에 영원히 머물러 있지 않았습니다. 마치 깊은 잠에서 깨어나듯, 혹은 거대한 우주의 맥박이 처음으로 고동치듯, 이 텅 빈 카오스 속에서 세 가지의 위

○— 〈카오스〉 (1875~1882), 조지 프레드릭 와츠(George Frederic Watts)

이 작품은 와츠가 구상한 대규모 연작 〈생명의 집(The House of Life)〉의 첫 그림으로, 우주의 기원과 시간을 상징적이고 철학적으로 그린 작품이다. 왼쪽에는 바위와 불 속에서 기어나오는 인물이 보이고, 중앙에는 물에서 솟아오르는 거대한 형상이 있다. 오른쪽에 드러누운 거인들과 작은 인간들이 줄을 지어 지나가는 모습은 혼돈에서 시간과 질서가 어떻게 탄생하는지 보여준다.

대한 존재들이 저절로 솟아났습니다.

첫 번째는 가이아입니다. 지금 머물고 있는 이 땅, 발을 딛고 서 있는 모든 단단한 것의 근원입니다. 카오스의 유령 같은 속성들 사이에서 처음으로 실체를 가진 존재가 나타난 것입니다. 그녀는 만물을 품을 수 있는 광활한 가슴을 지닌 채, 모든 생명의 어머니로서 자리 잡았습니다.

두 번째는 타르타로스입니다. 가이아가 밝은 지상의 근원이라면, 타르타로스는 대지의 가장 깊은 밑바닥, 카오스조차 두려워할 법한 암흑의 심연을 관장하는 존재입니다. 훗날 신들을 벌주는 가장 깊은 감옥이 될 정도로, 존재의 끝을 알 수 없는 무시무시하고 육중한 어둠 그 자체였습니다.

그리고 마지막 세 번째는 에로스입니다.

"잠깐만요. 사랑의 신 에로스가 왜 이 삭막한 탄생 직후에 등장하는 건가요?"

매우 날카로운 질문입니다. 여기서 말하는 태초의 에로스는 훗날 등장하는, 등 뒤에 작은 날개를 달고 황금 화살을 쏘아대는 장난기 어린 소년 신과는 차원이 다릅니다. 태초의 에로스는 모든 생명체와 물질이 서로를 끌어당기고 결합하게 만드는 우주적인 인력 그 자체였습니다. 만약 에로스가 나타나지 않았다면, 가이아는 차가운 대지로 영원히 고독 속에 머물렀을 것입니다. 만약 에로스가 없었다면, 원소들은 서로를 밀어내기만 할 뿐 결코 새로운 존재를 잉태하거나 형태를 빚어내지 못했을 것입니다. 그러니까 카오스가 '흩어짐'과 '무형'을 상징했다면, 에로스는 '모임'과 '결합'을 선사했습니다.

카오스는 스스로 제 형체를 드러내지 않았지만, 그 거대한 입을 통해 모든 것의 아버지가 되었습니다. 앞으로 살펴볼 위대한 주요 신들, 천지를 뒤흔드는 강력한 영웅들, 기괴한 공포를 선사하는 괴물들까지, 그 모든 서사는 카오스의 텅 빈 심연에서 태어난 것입니다.

이것이 바로 신들의 세계가 간직한 첫 번째 비밀이죠. 세상은 어느 날 갑자기 완벽한 모습으로 짠 하고 나타난 것이 아니라, 형체 없는 혼돈 속에서 스스로를 빚어내면서 고통스럽게 솟구쳐 올라 시작되었습니다.

자, 카오스의 막막한 공허가 조금씩 물러가는군요. 이제는 에로스의 힘에 이끌려, 모든 존재의 어머니이자 거대한 생명의 근원인 땅이 마침내 그 웅장한 모습을 드러낼 차례입니다.

대지의 어머니, 가이아

상상해보세요. 조금 전까지 우주는 형체도 질서도 없는 깜깜한 심연, 카오스뿐이었습니다. 그런데 그 정적을 깨고, 잠에서 깨어나는 거대한 생명체처럼 단단하고 비옥한 존재가 어둠을 밀어내며 스스로 모습을 드러냅니다. 바로 모든 존재의 안식처이자 근원인 가이아, 즉 대지의 탄생입니다.

가이아는 그저 흙이나 돌덩이가 아닙니다. 산과 들, 강과 바다, 그리고 맥동하는 모든 생명을 몸속에 품은, 살아 숨 쉬는 어머니 그 자체입니다. 그녀의 호흡은 대기의 미풍이 되고, 그녀의 갈증은 대지를 적시는 빗줄기가 되었죠. 만약 가이아의 가슴에 귀를 기울일 수 있다면, 수만 년을 버텨온 거대한 참나무의 속삭임보다 깊고 웅장한 대지의 고동 소리가 들릴 겁니다.

카오스라는 막막한 무無의 공간에서 홀로 깨어난 가이아 옆에는, 태초의 결합을 상징하는 에로스가 있었습니다. 보이지 않는 에로스의 인력은 가이아를 자극했습니다. 하지만 가이아는 누구의 씨앗도 빌리지 않고, 오직 신성한 의지와 생명력만으로 우주적인 기적을 만들어냈습니다. 자신의 광활한 몸에서 세 가지 위대한 존재를 홀로 잉태하여 출산하죠.

우라노스: 가이아를 빈틈없이 덮어줄 드넓고 푸른 하늘
폰토스: 대지의 주름 사이를 메우는 깊고 거친 바다
오레아: 대지의 가슴 위에 솟아오른 험준하고 웅장한 산맥

이 출산은 우주 역사상 가장 놀라운 사건이었습니다. 가이아는 우라노스를 낳은 뒤, 우라노스가 아늑한 황금 이불처럼 자신의 온몸을 빈틈없이 감싸 안도록 허락했습니다. 이제 세상은 카오스의 어둠만 있는 것이 아닙니다. 대지가이아 위에는 별이 빛나는 푸른 하늘우라노스이 펼쳐졌고, 두 위대한 존재가 서로 격렬하게 포옹하면서 세상에는 비로소 공간과 질서라는 뼈대가 세워졌습니다.

대지의 여신 가이아는 자신이 창조한 하늘의 신 우라노스와 결합했습니다. 천지의 결합은 우주를 진동시켰고, 그 결과 역사상 가장 강력하고 기이한 자식들이 연달아 태어났습니다. 이들은 훗

날 올림포스 신들의 조상이 될 존재들로, 세 그룹으로 나뉘어 각기 다른 운명을 맞이했습니다.

티탄 신족은 6남매로 구성된 열두 명의 거대한 신들입니다. 이들은 광활한 대지와 하늘의 속성을 그대로 물려받아 우주의 질서를 다스릴 잠재력을 가졌습니다. 특히 막내아들 크로노스는 훗날 아버지를 배신할 만큼 차가운 야망을 품은 채 태어났습니다.

키클로페스는 이마 한가운데에 커다란 눈 하나가 박힌 외눈박이 거인 3형제입니다. 덩치는 산맥만 했고 힘은 대지를 뒤흔들 정도였지만, 단순한 괴물이 아니었습니다. 이들은 불꽃과 금속을 다루는 천재적인 대장장이로, 훗날 제우스 형제들의 무기를 만들 운명이었습니다.

헤카톤케이레스는 가장 기이하고 무서운 모습으로 태어난 3형제입니다. 각자 50개의 머리와 100개의 팔을 가진 이들은 한 번의 손짓으로 폭풍을 일으켰고, 그 무시무시한 힘은 신을 압도할 정도였습니다.

가이아는 모든 자식을 피와 살처럼 사랑했습니다. 하지만 남편 우라노스는 달랐습니다. 하늘의 높은 곳에서 군림하던 우라노스는 자식들의 기괴한 외모에 혐오감을 느꼈습니다. 특히 키클로페스와 헤카톤케이레스의 압도적인 힘이 자신의 권좌를 위협하지는 않을까 두려웠습니다. 결국 우라노스는 신으로서, 그리고 아버지로서 해서는 안 될 만행을 저지릅니다. 자식들이 태어나는 족족 거친 손길로 낚아채어, 빛 한 줄기 닿지 않는 가이아의 가장 깊숙한 심연, 지하 세계의 밑바닥인 타르타로스에 가두어버린 거죠. 어머니 가이아에게는 자궁 속에 자식들을 강제로 다시 처넣는 것과 같은 끔찍한 고문이었습니다.

타르타로스에 갇힌 거인들의 육중한 몸짓과 절망적인 울음소리가 가이아의 내장을 뒤흔든 탓에, 가이아는 숨을 쉴 때마다 바위가 깎여나가는 듯한 고통을 느꼈습니다. 대지의 어머니 가이아의 슬픔은 곧 차가운 분노로 변했습니다. 자신의 살점을 짓이기고 자식을 유폐한 남편을 향해, 대지의 심장부에서 가장 날카로운 복수를 계획합니다. 웅장했던 하늘과 땅의 포옹은 피비린내 나는 전쟁의 서막으로 접어들었습니다.

우라노스와 크로노스

　대지의 깊은 심연인 타르타로스에서는 100개의 팔과 50개의 머리를 가진 헤카톤케이레스와 키클로페스 3형제의 고통스러운 울음소리가 멈추지 않고 메아리쳤습니다. 그 진동은 대지의 어머니 가이아의 내장을 훑으며 전달됐습니다. 가이아는 이 치욕적인 고통을 견딜 수 없었습니다. 가슴속에서 화산의 용암보다 뜨거운 분노가 끓어올랐고, 자식을 유폐한 잔혹한 남편을 향해 복수의 칼날을 갈았습니다.

　가이아는 복수를 실행하기 위해 평범한 무기로는 흉내 낼 수 없는 신성한 도구를 만들어냈습니다. 자신의 몸속 깊은 곳에서 가장 단단하고 차가운 회색 광석을 채취해, 그것을 대지의 열기로 녹여, 서늘한 달빛처럼 휘어진 날카롭고 거대한 낫을 빚어냈습니다. 낫은 우주를 지배하는 불멸의 존재마저 단숨에 베어버릴 만큼 날카로웠고, 무시무시한 살기를 가득 머금었습니다. 가이아는 낫을 가슴속에 숨긴 채, 아직 갇히지 않고 지상에 남아 있던 자식들, 즉 티탄 신족을 은밀히 불러 모았습니다.

"나의 자식들아, 너희 아버지 우라노스는 혈육도 어둠에 가둔 채 우리를 모욕하는구나. 이 찢어지는 듯한 고통에서 이 어미를 구해낼 용감한 자가 누구냐? 누가 이 낫을 들고 저 오만한 하늘의 폭정을 심판하겠느냐?"

티탄 신족은 서로 눈치만 보며 뒷걸음질 쳤습니다. 우라노스는 만물을 덮고 있는 하늘로, 그의 권위는 절대적이고 힘은 무적이라고 여겼으니까요. 하지만 그때, 티탄 신족 중 가장 어린 아들이 앞으로 걸어 나왔습니다. 그가 바로 크로노스였습니다.

크로노스는 여섯 명의 티탄 형제 중 막내였지만, 가장 야망이 넘치고, 영리하며, 단호했습니다. 그는 어머니 가이아의 고통에 깊이 공감했습니다. 그러나 이것이 우주를 지배할 수 있는 절호의 기회라는 것도 알았습니다. 크로노스는 어머니가 건네는 낫을 받아 들었습니다.

"어머니, 걱정하지 마세요. 제가 해내겠습니다. 아버지의 폭정은 오늘로 끝날 것입니다."

가이아는 이 잔혹한 계획을 치밀하게 짰습니다. 밤이 되어 우라노스가 대지를 품기 위해 내려올 때를 노려, 가이아는 크로노스를 은밀한 주름 속에 숨겨두었습니다.

마침내 운명의 밤이 찾아왔습니다. 온 우주가 고요해진 시각, 거대한 푸른 몸을 펼치고 우라노스가 가이아를 향해 내려왔습니다. 그 순간, 크로노스는 어머니가 준 낫을 휘둘러 우라노스의 신성한 힘을 거세해버렸죠. 엄청난 고통과 함께 우라노스는 비명을 질렀고, 하늘의 지배자로서 힘을 잃은 채 땅에서 물러났습니다.

하늘의 피는 대지 위로 쏟아져 핏방울이 땅에 닿자마자 기이하고 두려운 존재가 솟아났습니다. 복수의 여신들인 에리니에스와 거대한 기간테스_{거인족}입니다. 이들은 훗날 신들을 위협하는 무서운 재앙의 씨앗이 됩니다.

비참하게 쫓겨나 하늘 위로 밀려 올라간 우라노스는 아들 크로노스를 향해 뼈에 사무친 저주를 퍼부었습니다.

"오만하구나, 크로노스! 네가 나에게 했던 것처럼, 너 역시 네 자식에게 권좌를 빼앗기고 비참하게 파멸할 것이다!"

하지만 권력의 단맛에 취한 크로노스는 그 저주를 가볍게 무시했습니다. 아버지의 자리를 차지해, 시간과 우주의 새로운 지배자가 되었기 때문입니다. 그는 누이인 레아를 아내로 맞아 티탄 신족의 황금시대를 열었습니다.

권력은 사람을 변하게 만듭니다. 크로노스는 자리에 앉자마자 그가 증오했던 아버지 우라노스의 전철을 밟기 시작했습니다. 그는 어머니 가이아와의 약속을 어기고, 타르타로스에 갇힌 형제들

키클로페스와 헤카톤케이레스을 풀어주지 않았습니다. 오히려 그들이 강력한 힘으로 자신의 자리를 위협할까 두려워 그들을 더 깊은 암흑 속에 유폐했습니다.

무엇보다 크로노스의 영혼을 갉아먹은 것은 아버지 우라노스의 저주였습니다. 그는 아내 레아가 자식을 낳을 때마다 공포에 사로잡혀 광기 어린 행동을 저질렀습니다. 그가 선택한 방식은 우라노스보다 훨씬 더 직접적이고 잔혹했습니다.

과연 크로노스는 권력을 지키기 위해 갓 태어난 자식들에게 어떤 끔찍한 짓을 저질렀을까요?

티탄 신족의 시대

아버지 우라노스를 몰아내고 우주의 새로운 주인이 된 크로노스는 시간을 지배하는 가장 강력한 티탄 신족의 왕이었습니다. 겉으로 보기에는 풍요와 평화가 가득한 황금시대였어요. 하지만 우주를 다스리는 왕 크로노스의 내면은 차가운 공포로 가득했습니다. 권력을 빼앗던 날, 피를 흘리던 아버지가 내뱉은 저주 때문이었죠.

"네가 나에게 했던 것처럼, 너 역시 네 자식에게 왕좌를 빼앗기고 파멸할 것이다!"

이 예언은 크로노스의 영혼을 갉아먹는 악몽이 되었습니다. 그는 아내이자 누이인 레아가 아이를 낳을 때마다, 우라노스의 폭정보다 더 끔찍한 행동을 저질렀습니다. 레아가 출산한 아이들은 장차 우주의 질서를 세울 위대한 신이 될 운명이었습니다. 하지만 불쌍한 아기들은 햇빛도, 신선한 공기도 맛볼 기회조차 얻지 못했어요. 레아가 고통스러운 출산 끝에 아이를 낳아 품에 안으려 할 때마다, 크로노스는 거대한 손으로 아기를 낚아채 입을 벌리곤, 갓 태어난 자식을 통째로 꿀꺽 삼켜버렸던 탓입니다.

왜 그런 끔찍한 짓을 했을까요? 크로노스는 자식이 자신의 뱃속에 갇혀 있다면, 누구도 자신을 해치지 못할 거라고 믿었어요. 자신의 몸을 가장 견고한 감옥으로 만든 셈이죠.

첫째, 헤스티아: 화로의 불꽃처럼 따뜻한 여신

둘째, 데메테르: 대지의 풍요를 책임질 여신

셋째, 헤라: 신들의 여왕이 될 위엄 있는 여신

넷째, 하데스: 지하 세계를 다스릴 죽은 자들의 왕

다섯째, 포세이돈: 바다를 지배하는 강력한 신

이 고귀한 신들이 태어나자마자 아버지의 위장에 갇혔습니다. 위액이 들끓고 어둠만이 가득한 끔찍한 공간이었어요. 불멸의 신이었던 그들은 죽지도 않았습니다. 다만 그 좁고 습한 어둠 속에서 서로 몸을 맞대고 신음할 뿐이었습니다.

어머니 레아의 슬픔은 말로 표현할 수 없을 정도였어요. 그녀는 열 달 동안 소중히 품은 자식들이 태어나자마자 남편의 입속

으로 사라지는 것을 보며 영혼이 부서지는 듯한 고통을 느꼈습니다. 마침내 여섯 번째 아이를 임신했을 때, 레아는 더는 순종적인 아내로 살지 않기로 결심합니다. 그녀는 어머니 가이아에게 달려가 발치에 엎드렸습니다.

"어머니, 제발 도와주세요! 이 아이만큼은 그 괴물 같은 남편으로부터 지켜내야겠어요. 제 아이가 살아서 아버지의 죄를 심판하게 해주세요!"

가이아는 레아를 크레타섬의 깊고 험준한 딕테 동굴로 안내했습니다. 그곳에서 레아는 비밀리에 여섯 번째 아이를 낳았는데, 그가 바로 훗날 올림포스의 제왕이 될 제우스입니다. 레아는 아이를 낳자마자 님프들에게 아기를 맡기고 황급히 크로노스에게 돌아갔습니다. 그녀의 손에는 아기 대신 포대기에 싼 돌멩이가 들려 있었어요.

권력에 눈이 멀고 예언에 미쳐 있던 크로노스는 아내의 눈물도 살피지 않았습니다. 그는 포대기를 건네받자마자 그 안의 내용물을 확인하지도 않은 채 한입에 삼켜버렸죠. 돌멩이가 목구멍을 타고 내려갈 때의 묵직한 감각이 자식의 뼈 때문이라고 착각해서, 비로소 안도의 한숨을 내쉬었습니다.

크로노스가 공포를 삼키고 안심한 동안, 다른 티탄 신족들은 우주의 거대한 각 영역을 나누어 지배하고 있었습니다. 이들은 제우스에게는 삼촌과 이모입니다.

자식이 태어나는 족족 잡아먹는 크로노스의 잔혹함이 생생히 드러난다. 한 손에는 큰 낫을, 한 손에는 갓 태어난 자식을 들고는 삼키는 대신 뜯어먹고 있다. 공포에 질린 채 고통스러워하는 아이의 표정이 생생하다. 잔인한 이야기이지만, 바로크풍으로 우아하게 표현해내고 있다.

○─ 〈아들을 잡아먹는 크로노스〉 (1636~1638), 페테르 파울 루벤스(Peter Paul Rubens)

오케아노스는 세계를 둘러싼 거대한 강의 신이었고, 테티스는 바다의 여신입니다. 그들은 세상의 경계를 휘감으며 영원의 파도처럼 출렁였습니다. 히페리온과 테이아는 태양과 빛의 근원을 상징하는 티탄으로, 하늘을 밝히는 광채를 세상에 선물했습니다. 코이오스는 지성의 티탄, 포이베는 예언과 달의 신비를 간직한 티탄으로 인간의 운명을 예언하며 은밀한 목소리로 속삭였습니다. 크리오스는 별과 천체의 질서를 상징하는 티탄이고, 이아페토스는 인간의 운명과 한계를 다루는 강인한 티탄으로 훗날 인류의 숙명을 새겨 넣었습니다. 테미스는 정의와 법의 티탄, 므네모시네는 기억의 티탄입니다. 이 거신들은 각자의 영역에서 완벽하게 질서를 지켜 다스리는 듯 보였습니다.

한편 크레타섬의 습한 동굴에서 아기 제우스는 염소의 요정 아말테이아의 젖을 먹고, 쿠레테스라는 전사들의 보호를 받으며 자랐어요. 그들은 창과 방패를 부딪쳐 요란한 소리를 내어, 아기 제우스의 울음소리가 크로노스에게 들리지 않도록 막았습니다.

제우스가 성인이 되어 아버지를 찾아가는 날, 티탄들의 평화로운 통치는 피비린내 나는 전쟁으로 변할 운명이었습니다. 제우스는 과연 어떤 지혜로 아버지의 뱃속에 갇혀 있던 형제자매들을 빛의 세상으로 끌어냈을까요?

마침내 올림포스 세대의 반격이 시작됩니다.

티타노마키아

크레타섬의 습한 딕테 동굴에서 염소 아말테이아의 젖을 먹으며 님프들의 보살핌 속에 숨어 지내던 제우스는 드디어 아버지의 거대한 그림자에 맞설 만큼 강인한 신으로 성장했습니다. 그의 가슴속에는 아버지에 대한 분노가 불꽃처럼 타올랐습니다. 어머니 레아가 가슴 아파하며 눈물 흘린 세월도 있었고, 자신의 형제자매가 아버지의 위장 속에서 신음하고 있었기 때문이었습니다.

하지만 상대는 우주를 지배하는 거신들의 왕, 크로노스였습니다. 무모하게 정면승부하는 대신 제우스는 영리한 계략을 준비했어요. 우선 오케아노스와 테티스의 딸이자 지혜의 여신인 메티스를 찾아갔습니다. 메티스는 제우스를 도와 특별한 약초를 달여 강력한 구토제를 만들었습니다.

제우스는 어머니 레아의 도움을 받아 이 물약을 크로노스의 술잔에 섞어 넣었어요. 그 사실을 알지 못한 크로노스는 술을 단숨에 들이켰습니다. 곧 그의 얼굴이 창백해지고 몸이 뒤틀리더니 신성한 위장이 요동쳤습니다. 구토가 시작되자 가장 먼저 튀어나온 것은 레아가 속임수로 건네주었던 돌, 옴팔로스였습니다.

그리고 기적이 일어났습니다. 삼켜진 것의 역순으로, 뱃속에서 불멸의 생명력을 유지하던 자식들이 성인이 된 모습으로 세상의 빛을 보게 된 거죠. 포세이돈의 거친 숨결, 하데스의 서늘한 기운, 헤라의 고결한 눈빛, 데메테르의 풍요로운 온기, 헤스티아의 따스한 기운이 차례로 대지를 밟았습니다. 수십 년 만에 자유를 얻은 형제들은 자신들을 구해낸 막내 제우스와 굳게 손잡고, 티탄의 폭정을 끝내겠다는 맹세를 나누었습니다.

제우스와 형제들은 곧바로 우주를 지배하는 티탄 신족에게 전쟁을 선포했습니다. 이 전쟁은 티타노마키아, 즉 티탄들과의 전쟁이라고 불립니다. 제우스와 형제들은 할머니 가이아와 어머니 레아의 지원을 받으며 올림포스산에 요새를 세웠습니다.

티탄 신족 중에서 몇몇은 제우스 편에 서기로 했어요. 프로메테우스와 동생 에피메테우스, 스틱스강의 여신과 그녀의 자식들인 니케, 크라토스, 젤로스, 비아가 그들이었어요. 프로메테우스는 이름처럼 '먼저 아는 자'였어요. 그는 미래를 예언하는 능력으로 이 전쟁의 결과를 이미 알았기 때문에, 티탄 신족인 부모와 형제를 떠나 제우스 편에 섰던 것이지요.

티탄 신족은 거인 아틀라스를 사령관으로 삼고 올림포스 신족과의 전쟁에 나섰습니다. 힘세고 용맹한 거인인 아틀라스는 이아페토스의 아들로, 크로노스의 조카이자 티탄들 중에서도 가장 강력한 전사였어요. 또한 프로메테우스와 에피메테우스의 친형이기도 했지요.

올림포스의 신들은 티탄 신족에게 맞서 용감하게 싸웠지만, 태초부터 존재했던 거구의 티탄들을 상대하기엔 역부족이었어요. 시간이 지날수록 제우스 진영은 점점 불리해졌어요. 이때 할머니 가이아가 조언했습니다.

"네 할아버지 우라노스가 가두었던 키클로페스와 헤카톤케이레스를 풀어주어라. 그들이 너를 도울 것이다."

제우스는 가이아의 조언에 따라 암흑의 타르타로스로 내려갔습니다. 무시무시한 여자 괴물 캄페가 감옥을 지키고 있었습니다. 제우스는 캄페를 물리치고 키클로페스 3형제와 헤카톤케이레스 3형제의 쇠사슬을 끊었습니다.

키클로페스 3형제인 브론테스, 스테로페스, 아르게스는 그 보답으로 제우스 형제들에게 우주를 뒤흔들 무기를 선물했어요. 제우스에게는 하늘의 모든 에너지를 응축한 천둥 번개 케라우노이를, 포세이돈에게는 대륙을 흔들고 바다를 가르는 삼지창 트라이던트을, 하데스에게는 투명 투구 퀴네에를 주었습니다. 이 투구를 쓰면 상대는 하데스의 모습을 볼 수가 없었죠.

100개의 팔을 가진 헤카톤케이레스 3형제인 브리아레오스, 코토스, 기게스는 그들의 무시무시한 힘을 제우스에게 보태기로 맹세했고요.

이제 인류가 기억하는 가장 거대한 전쟁, 티타노마키아가 종말을 향해 치닫습니다. 이 전쟁은 무려 10년 동안 계속되었어요. 신들이 격돌할 때마다 거대한 산맥이 종잇장처럼 구겨졌고, 포세이돈의 삼지창이 대지를 찌를 때마다 바닷물이 끓어올라 하늘에 닿았습니다. 하데스는 은신 투구를 쓰고 보이지 않는 곳에서 티탄들을 기습했어요.

그러나 티탄 신족은 무시할 수 없는 강력한 전사들이었습니다. 그들은 올림포스 신족에 비해 몸집이 더 크고, 힘도 강했으며, 전투 경험도 풍부했습니다. 그중에서도 사령관 아틀라스는 '신들의 공포'라는 별명을 얻을 만큼 무시무시한 전사였습니다.

하지만 올림포스 신들에게는 새로운 무기와 결정적인 동맹군이 있었습니다! 제우스가 하늘 높은 곳에서 키클로페스가 만든 강력한 위력의 번개를 사정없이 내리꽂은 거죠. 눈을 멀게 하는 섬광과 함께 우주의 대기가 폭발하는 굉음이 울려 퍼졌습니다.

그 틈을 타 100개의 팔을 가진 헤카톤케이레스 3형제가 전투에 가세했습니다. 그들은 한 번에 수백 개의 바위를 던져 티탄의 진영을 초토화시켰어요. 마치 돌멩이가 소나기처럼 퍼붓는 것 같았죠. 제우스는 또 한 번 천둥 번개로 티탄 신족의 본거지인 오트리스산의 정상을 날려버렸고, 크로노스는 왕좌에서 추락했습니다. 마침내 무적이라 믿었던 티탄 신족도 올림포스 신족과 헤카톤케이레스 3형제의 파상 공격 앞에 무릎을 꿇어야 했습니다.

승리한 올림포스 신들은 크로노스를 포함한 티탄 신족에게 자비 없는 심판을 내렸습니다. 크로노스와 티탄 신족은 크로노스가 자식들을 가두었던 그곳, 타르타로스의 겹겹이 쌓인 청동 문 뒤에 영원히 유폐되었습니다. 이제 헤카톤케이레스가 감시자가 되었죠.

단, 티탄 신족의 총사령관이었던 아틀라스에게는 더욱 가혹한 형벌이 내려졌습니다. 그는 세상의 끝에서 무거운 하늘의 천구를 어깨로 떠받치며 영원히 허리를 펴지 못하는 운명을 짊어집니다. 키클로페스들이 오트리스산에 거대한 기둥을 세우고 그를 쇠사슬로 묶어 하늘을 떠받치게 했어요.

크로노스와 티탄들이 쫓겨난 우주에는 새로운 지배자가 필요했습니다. 제우스와 그의 형제들은 서로 싸우지 않고 제비뽑기라는 합리적인 방식을 통해 세상의 지배권을 나누었습니다. 그 결과, 제우스는 하늘을 택해 신들의 제왕이자 우주의 통치자가 되었고, 포세이돈은 바다와 모든 수역을 다스렸으며, 하데스는 지하 세계_{죽은 자들의 세계}를 맡았습니다. 그리고 대지와 올림포스는 모든 신이 공유하는 영역이 되었어요.

이렇게 올림포스의 시대가 찬란하게 막을 올렸습니다. 제우스의 승리는 단순한 권력 교체가 아니었어요. 혼돈과 폭정에서 벗어나 질서와 법이 지배하는 우주 체계를 확립한 사건이었습니다.

제우스는 가이아의 조언에 따라 각 신들에게 적절한 지위와 영역을 나누어주었고, 올림포스의 질서를 확립했어요. 형제자매들은 각자 역할을 맡았습니다. 헤스티아는 화로와 가정의 불을, 데메테르는 곡식, 풍요, 대지를, 헤라는 결혼, 여성, 출산, 부부 관계를 관장하는 여신이 되었어요.

그리고 전쟁에서 가장 먼저 제우스 편에 섰던 스틱스는 신들의 위대한 맹세를 관장하는 존재가 됩니다. 그녀의 이름으로 한 맹세는 결코 깨질 수 없는 신성한 약속이 되었답니다. 그러면서 올림포스는 그 누구도 범접할 수 없는 신성한 위엄의 전당으로 우뚝 섰습니다. 새로운 시대, 올림포스의 황금기가 시작된 거죠.

기간테스와 티폰

　티타노마키아가 끝나고 티탄들이 타르타로스의 차가운 감옥에 갇혔을 때, 올림포스에는 마침내 영원한 평화가 찾아온 듯했습니다. 그러나 평화는 대지의 어머니 가이아의 피눈물과 타오르는 증오 위에서 위태로울 수밖에 없었습니다.

　전쟁에서 승리했지만, 가이아는 타르타로스 깊은 곳에서 들려오는 자식들의 비명에 잠을 이룰 수 없었습니다. 그러나 왕좌에 오른 제우스는 할머니 가이아의 고통을 외면했습니다. 이에 분노한 가이아는 기간테스를 부추겨 제우스에게 복수할 계획을 세웠습니다. 기간테스는 우라노스가 거세당할 때 흘린 피가 대지에 스며들어 태어난 가이아의 자식들이었죠.

　그들은 산처럼 거대한 몸집을 가진 거인들로, 상반신은 인간이고 허리 아래는 뱀의 모습입니다. 머리카락과 수염은 길고 거칠게 자라 야생의 짐승 같고, 그들의 눈빛에는 원시적인 분노가 타올랐습니다.

기간테스와의 전쟁

가이아는 이들에게 특별한 선물을 주었습니다. 바로 불사의 힘이었어요. 그 덕분에 신들의 힘만으로는 결코 거인들을 죽일 수 없었습니다. 제우스의 천둥 번개도, 포세이돈의 삼지창도, 아테나의 창도 거인들에게 치명상을 입히지 못했습니다.

기간테스는 각자 올림포스 신들을 한 명씩 맡아 상대하기로 전략을 세웠습니다. 기간테스 중에서 가장 강력한 존재는 알키오네우스와 포르피리온이었습니다. 거인들의 지도자인 포르피리온은 제우스와 맞서기로 했어요. 그는 오만하고 자신만만해서, 자신이 제우스를 무너뜨리고 우주의 새로운 지배자가 될 것이라 믿었습니다. 강력한 힘을 지닌 알키오네우스는 특별한 능력의 소유자로, 자신의 고향 땅에 있는 한 절대 죽지 않는 불사의 존재였고 하데스와 맞서기로 했습니다. 그는 거대한 철 지팡이를 휘둘렀고, 몸은 온갖 귀중한 보석과 금속으로 뒤덮여 있었습니다.

엔켈라도스는 아테나와 맞서 싸우기로 했어요. 그는 지능적이고 자신감이 넘쳤으며, 전투에서 교활한 전술을 사용했어요. 폴리보테스는 포세이돈에 대항하겠다고 나섰습니다. 그의 몸에는 독이 있는 가시들이 돋아나 있고 하반신은 물고기 꼬리처럼 생겨서, 바다에서 폭풍과 허리케인을 일으킬 수 있습니다.

에피알테스는 아레스와 대적했고, 에우리토스는 디오니소스와 싸웠으며, 클리티오스는 헤카테에 대항했습니다. 미마스는 헤파이스토스와 싸웠고, 팔라스는 아테나에게 맞섰습니다.

전쟁은 예상치 못한 사건으로 시작되었습니다. 알키오네우스가 태양신 헬리오스의 신성한 소 떼를 훔쳤거든요. 이들은 보통 소가 아니라 태양 빛처럼 찬란하게 빛나는 신성한 동물이었습니다. 분노한 헬리오스는 올림포스로 달려가 제우스에게 범인을 처벌해달라고 했어요.

"제우스여! 이 무례한 거인들이 감히 신들의 재물을 훔쳤소. 이것은 선전포고나 다름없소!"

제우스는 가이아가 기간테스를 소집하여 전쟁을 준비한다는 것을 이미 알고 있었습니다. 마침내 두 번째 대전쟁이 다가온 것입니다. 전쟁을 준비하던 제우스에게 법의 여신 테미스가 충격적인 신탁을 전했습니다.

"신들만으로는 기간테스를 쓰러뜨릴 수 없다. 인간 영웅의 도움 없이는 거인들을 결코 죽일 수 없으리라."

가이아는 이 신탁을 먼저 알았습니다. 그녀는 거인들을 완벽하게 보호하기 위해 파르마콘이라는 특별한 약초를 찾았죠. 이 약초는 거인들을 인간의 공격으로부터도 보호해줄 수 있었는데,

제우스가 선수를 쳤습니다. 그는 태양과 달, 새벽의 여신에게 명령해 빛을 숨기게 했어요. 그리고 어둠 속에서 그 약초를 찾아내 모두 감춰버렸습니다.

그리고 제우스는 인간 여인 알크메네와의 사이에서 낳은 아들, 지상 최고의 영웅 헤라클레스를 전장으로 불러들였습니다. 헤라클레스는 이미 열두 가지 과업을 완수하고 반신반인의 몸으로 불멸에 가까운 힘을 얻은 상태였습니다. 히드라의 독이 묻은 화살이 화살통에 가득했고, 그 화살에 맞으면 신들조차 고통스러워했습니다.

"아버지여, 저를 부르셨습니까?"

헤라클레스가 올림포스산 정상에 도착하여 제우스 앞에 무릎을 꿇었습니다.

"일어나거라, 내 아들이여."

제우스가 그를 일으켜 세웠습니다.

"네 힘이 필요하다. 신들만으로는 이 전쟁에서 이길 수 없다. 우리가 거인들을 쓰러뜨리면, 네가 치명적인 화살로 그들의 숨통을 끊어야 한다."

거인들은 불타는 들판 플레그라에서 출발해 올림포스를 향해 진격했습니다. 어떤 이야기에서는 트라키아의 팔레네, 또 다른 이야기에서는 이탈리아 캄파니아에서 시작했다고도 합니다. 그들은 산처럼 큰 바위와 불타는 참나무를 뽑아 하늘로 던졌습니다. 바위는 빗발치듯 날아올랐고, 불타는 나무는 혜성처럼 궤적을 그리며 올림포스를 향했습니다.

"형제들이여! 우리의 어머니 가이아를 위하여!"

포르피리온이 외쳤습니다.

"저 오만한 신들을 왕좌에서 끌어내려 대지에 묻어버리자!"

거인들의 함성은 땅을 울렸고, 그들의 발걸음은 지진을 일으켰습니다. 올림포스와 대지 사이의 운명을 건 전쟁이 시작된 것이었습니다.

전투가 시작되자 헤라클레스는 즉시 거인들의 선봉에 선 알키오네우스를 향해 화살을 날렸습니다. 히드라의 독이 묻은 화살이 알키오네우스의 가슴을 관통했습니다. 거인은 고통의 비명을 지르며 쓰러졌습니다. 하지만 놀랍게도 그는 다시 일어났어요. 고향 땅에 쓰러졌기 때문에 다시 살아난 겁니다.

"어리석은 반신이여! 나는 죽지 않는다!"

알키오네우스는 헤라클레스를 비웃었습니다. 이때 지혜의 여신 아테나가 헤라클레스에게 외쳤습니다.

"헤라클레스, 그를 고향 땅 밖으로 끌어내라! 그래야만 죽일 수 있다!"

헤라클레스는 엄청난 괴력으로 알키오네우스를 붙잡아 팔레네의 경계 밖으로 끌고 갔습니다. 고향 땅을 벗어난 순간, 알키오네우스의 불멸의 힘이 사라졌고 헤라클레스는 다시 한번 화살을 쏘아 그를 완전히 쓰러뜨렸습니다. 그러자 알키오네우스의 일곱 딸인 알키오니데스는 아버지의 죽음을 슬퍼하며 바다에 몸을 던졌고, 바다의 여신 암피트리테가 그들을 물총새로 변신시켜주었답니다.

거인들의 왕 포르피리온은 하늘 높이 뛰어올라 올림포스로 직접 쳐들어갔습니다. 신들은 그의 무시무시한 힘 앞에서 뒤로 물러났지만, 아테나만은 그 앞을 막아섰어요. 포르피리온은 아테나를 밀쳐내고 헤라를 향해 돌진했습니다.

"신들의 여왕이여, 너는 곧 나의 아내가 될 것이다!"

그는 헤라의 목을 조르려 했습니다. 바로 그 순간, 사랑의 신 에로스가 화살을 날렸습니다. 에로스의 화살이 포르피리온의 가슴에 꽂히자, 그의 폭력성은 순식간에 욕망으로 변했습니다. 포르피리온은 헤라의 옷을 찢으며 그녀를 범하려 했습니다. 이는 용서받을 수 없는 모독이었죠.

"감히!"

제우스가 분노하며 번개를 내리쳤습니다. 섬광이 포르피리온을 강타해 비틀거리며 쓰러졌습니다. 하지만 가이아가 선물한 힘 덕분에 다시 일어나려 했죠. 바로 그때, 헤라클레스가 독화살을 날려 포르피리온의 심장을 꿰뚫었습니다. 거인들의 왕은 마침내 쓰러졌고, 다시는 일어나지 못했습니다.

다른 신들도 각자 자신을 대적하는 거인들과 맹렬히 싸웠습니다. 아폴론은 에피알테스의 왼쪽 눈을 화살로 쏘았고, 헤라클레스가 오른쪽 눈을 맞혀 그를 쓰러뜨렸습니다. 디오니소스는 에우리토스를 자신의 신성한 지팡이 티르소스로 때려눕혔고, 헤라클레스가 화살로 마무리했습니다. 헤카테는 클뤼티오스를 횃불의 불길로 태웠고, 헤라클레스의 화살이 그를 끝장냈죠. 헤파이스토스는 대장간에서 녹은 쇳물을 퍼 올려 미마스에게 쏟아부었습니다. 뜨거운 금속이 거인의 몸을 뒤덮자, 헤라클레스가 화살로 숨통을 끊었습니다.

엔켈라도스는 아테나와 격렬하게 싸우다가 도망쳤습니다. 아테나는 그를 쫓아가다가, 거대한 힘으로 시칠리아섬을 들어 올려 도망치는 엔켈라도스 위로 던졌어요. 섬은 거인을 덮쳐 에트나산이 되었고, 엔켈라도스는 그 아래 영원히 갇혀 몸부림칠 때마다 에트나산에서 용암이 폭발하고 지진이 일어난다고 합니다.

아테나는 거인 팔라스도 쓰러뜨렸는데, 여신은 그의 가죽을 벗겨 방패 아이기스를 덮어 더욱 강력하게 만들었다고 하죠. 폴리보테스는 포세이돈에게서 도망쳐 바다로 뛰어들었습니다. 하지만 바다의 신을 바다에서 피할 수는 없었겠죠. 포세이돈이 삼지창으로 코스섬의 일부를 떼어내 던져 니시로스섬이 되었고, 폴리보테스는 그 아래에 갇혔습니다. 그 후로 지진은 그가 몸부림치는 탓이라고 여겨졌습니다.

신들과 헤라클레스의 완벽한 협력으로, 거인들은 하나둘씩 쓰러졌습니다. 신들이 거인을 쓰러뜨리면, 헤라클레스가 히드라의 독화살로 마무리하는 전술이 완벽하게 먹힌 것입니다. 마지막 거인들은 아르카디아의 바토스에서 최후의 저항을 시도했지만, 결국 패배했습니다. 헤르메스는 하데스의 은신 투구를 쓰고 히폴리토스를 기습했고, 아르테미스는 그라티온을 화살로 쓰러뜨렸습니다.

마지막엔 단 한 명의 거인만이 살아남았어요. 아리스타이오스라는 거인이었는데, 가이아가 그를 쇠똥구리로 변신시켜 숨겨주었기 때문입니다.

모든 거인이 쓰러지고, 그들의 시신은 화산 아래 묻혔습니다. 알키오네우스는 베수비오산 아래, 엔켈라도스는 에트나산 아래, 폴리보테스는 니시로스섬 아래, 미마스는 나폴리 근처 프로키테섬 아래에 갇혔습니다. 거인들이 묻힌 곳마다 화산이 생겼고, 그들이 움직일 때마다 지진과 화산 폭발이 일어났어요. 가이아는 기간테스마저 패배한 것을 보며 절규했습니다.

"제우스, 너는 내 자식들을 모두 빼앗아 갔구나! 하지만 이것으로 끝이 아니다."

분노에 찬 가이아는 더 무시무시한 괴물을 창조하기로 결심했습니다. 그것이 바로 모든 괴물 중의 괴물, 티폰이었습니다. 하지만 기간테스와의 전쟁에서 승리한 올림포스는 더욱 굳건해졌습니다. 헤라클레스는 전쟁의 공로로 신들 사이에서 더욱 존경받

고, 훗날 불멸의 신으로 올림포스에 오릅니다. 기가노마키아는
끝났지만, 가이아의 복수는 아직 끝나지 않았습니다.

제우스와 티폰의 운명을 건 대결

기간테스마저 패배하자 가이아의 분노는 광기로 변했습니다.
티탄들은 타르타로스에 갇혔고, 기간테스들은 화산 아래 묻혔어
요. 이제 가이아에게 남은 방법은 단 하나, 모든 것을 끝장낼 최
후의 병기를 창조하는 것이었습니다.

가이아는 이번엔 심연의 주인 타르타로스와 결합했습니다. 그
녀는 세상의 가장 깊은 곳, 킬리키아의 코리코스 동굴에서 아이
를 낳았고, 마침내 신들조차 멸망시킬 만한 최후의 괴물이 태어
났습니다. 그의 이름은 티폰, 별칭은 티포에우스입니다.

티폰이 대지를 뚫고 솟구쳤을 때, 대낮의 태양조차 겁에 질려
빛을 잃었습니다. 그의 크기는 상상을 초월했거든요. 키는 하늘
의 별에 닿을 정도였고, 두 팔을 뻗으면 세상의 동쪽 끝과 서쪽
끝을 동시에 움켜쥘 정도였습니다.

티폰은 허리 위는 인간의 형상을 하고 있었지만, 허리 아래는
똬리를 튼 거대한 뱀의 모습이었어요. 더욱 기괴한 것은 어깨와
팔이었습니다. 어떤 전승에 따르면, 티폰의 어깨에서는 100개의
거대한 뱀혹은 용 머리가 돋아나 있었다고 합니다. 각 머리에는 시
뻘건 눈이 있었고, 그 눈에서는 파괴적인 불길이 뿜어져 나왔습

니다.

티폰이 입을 열 때마다 100가지 소리가 뒤섞여 터져 나왔습니다. 어떤 머리는 오만한 신들의 언어를 흉내 내며 조롱했고, 어떤 머리는 사자의 살기 어린 포효를 냈으며, 어떤 머리는 성난 황소의 울음소리를 질러댔어요. 뱀들의 눈에서는 활활 타오르는 불길이 뿜어져 나왔습니다. 그가 입을 벌리면 마치 용광로처럼 뜨거운 불길이 분수처럼 쏟아져나왔어요.

티폰의 힘은 상상을 초월했습니다. 그가 발걸음을 뗄 때마다 지각은 찢어져 지진이 일어났고, 거대한 날갯짓 한 번에 바다는 해일이 일어 육지를 집어삼켰습니다. 그가 숨을 내쉴 때마다 폭풍이 일며 대지를 휩쓸었어요. 그는 산을 뿌리째 뽑아 하늘로 던지거나, 불타는 바위들을 우박처럼 퍼부을 수도 있었습니다.

티폰이 신들의 거처인 올림포스를 향해 진격해 오자, 올림포스의 신들은 한 번도 경험해보지 못한 공포에 사로잡혔습니다. 티탄과 기간테스를 무찌르던 용맹함은 온데간데없었어요.

"저, 저건 대체 무엇이냐!"

아폴론이 떨리는 목소리로 외쳤습니다.

"도망쳐야 해! 저 괴물이 우리 모두를 삼켜버릴 거야!"

헤르메스가 소리쳤어요.

신들은 이집트 땅인 아이깁토스로 도망쳤습니다. 괴물의 눈을 속이려 저마다 동물의 모습으로 변신했어요. 아폴론은 까마귀, 아르테미스는 고양이, 헤라는 흰 암소, 디오니소스는 염소, 헤파이스토스는 황소로 변신했습니다. 그리고 아레스는 수퇘지, 아프로디테와 에로스는 물고기돌고래가 되어 나일강 깊숙이 몸을 숨겼어요. 헤르메스는 따오기가 되어 날아갔습니다. 하지만 단 한 명, 올림포스의 제왕 제우스만은 권좌를 떠나지 않았습니다.

그는 무겁게 왕좌에 앉아 다가오는 공포를 바라보았어요. 제우스는 직감했습니다. 자신이 여기서 물러나면 우주가 다시 영원한 혼돈카오스 속으로 빠져들 거라고요. 제우스가 중얼거렸습니다.

"여기서 물러설 수는 없다."

마침내 우주의 운명을 건 전투가 시작되었습니다. 티폰은 올림포스를 향해 불타는 바위를 던졌고, 하늘은 불길로 뒤덮였습니다. 산들이 무너지고 대지가 흔들렸습니다.

제우스는 하늘에서 번개를 쉴 새 없이 던지며 티폰을 막았습니다. 섬광이 번쩍일 때마다 대지와 바다가 끓어올랐고, 그 열기는 타르타로스의 티탄마저 떨게 했어요.

하지만 티폰은 끈질겼습니다. 그는 시리아의 카시온산으로 도망쳤다가 다시 제우스에게 맞섰습니다. 전투 중 티폰은 제우스의 팔을 붙잡고 거대한 뱀의 꼬리로 그를 조르기 시작했습니다.

"이제 네 차례다, 올림포스의 왕이여!"

티폰이 조롱했습니다. 제우스는 저항했지만 결국 티폰에게 제압당했고, 티폰은 그의 힘줄을 뽑아내어 힘을 빼앗았습니다. 불멸의 신이었기에 죽지는 않았지만, 그에게는 손가락 하나 움직일 힘조차 남지 않았습니다. 티폰은 무력해진 제우스를 어깨에 메고 바다를 건너 킬리키아의 코리코스 동굴로 끌고 갔어요.

"여기서 영원히 썩어라!"

티폰이 제우스를 동굴 깊숙이 던졌습니다. 그리고 제우스의 잘라낸 힘줄은 곰 가죽으로 싸서 동굴 한구석에 숨겼어요. 티폰은 자신의 누이인 무시무시한 괴물 델피네를 불러 힘줄을 지키도록 했습니다.

"누구든 이것에 손을 대려는 자는 네 독니로 물어뜯어라!"

델피네는 쉿쉿 하며 고개를 끄덕였어요. 그녀의 눈에서는 독기가 뿜어져 나왔습니다.

올림포스는 혼돈에 빠졌습니다. 제우스가 사라졌고, 다른 신들은 모두 이집트로 도망쳤어요. 우주의 질서가 무너지기 직전이었습니다. 하지만 두 신이 용기를 내어 움직였습니다. 영리한 전령 헤르메스와 목신 판이었어요. 어떤 전승에서는 헤르메스와 아이기판, 또 다른 전승에서는 카드모스와 판이라고도 합니다.

두 신은 전략을 세운 후 코리코스 동굴로 몰래 잠입했습니다. 판이 끔찍한 비명을 질러 동굴을 지키던 델피네를 유인해냈고, 헤르메스는 뱀처럼 은밀하게 동굴 깊숙이 잠입했습니다. 그는 전령의 신답게 발소리 하나 내지 않고 움직였어요.

곰 가죽으로 싸인 힘줄을 찾은 헤르메스는 재빨리 그것을 훔쳐

무력하게 누워 있는 제우스를 찾아, 잘린 힘줄을 제우스의 손과 발에 다시 연결했어요. 신성한 치유의 마법으로 힘줄이 다시 붙었습니다. 그러자 제우스는 순식간에 힘을 회복했어요.

"고맙다, 헤르메스!"

제우스는 천둥과 번개를 충전한 후, 다시 티폰과의 전투에 나섰습니다.

"티폰! 이제 끝장을 보자!"

제우스는 이전보다 수만 배는 더 뜨겁고 강력한 번개를 티폰의 정수리에 쏟아부었어요. 번개는 티폰의 100개의 머리를 강타했고, 머리들이 하나둘씩 타들어갔습니다. 치명상을 입은 티폰이 도망치기 시작했습니다. 제우스는 끈질기게 뒤쫓았고, 그가 번개를 던질 때마다 대지가 불타올랐습니다. 카프카스 산맥 전체가 화염에 휩싸였어요.

도망치던 티폰은 니사산에 도착했습니다. 그곳에서 운명의 세 여신 모이라이가 그를 기다리고 있었습니다.

"티폰이여, 여기서 이것을 먹으면 힘을 되찾을 수 있을 것이오."

모이라이는 티폰에게 니사산의 특산물인 신비로운 과일을 건넸습니다.

"이것을 먹으면 정말 힘이 돌아오겠소?"

"물론이오. 이것은 '일시적인 과일'이라 불리는 것이오."

하지만 이것은 속임수였습니다. 모이라이는 제우스 편이었거든요. 티폰이 과일을 먹자, 그의 힘은 돌아오는 것이 아니라 오히려 약해졌습니다.

당황하여 혼란에 빠진 티폰은 이번엔 트라키아로 도망쳤습니다. 하이모스산에서 티폰은 마지막 저항을 시도했어요. 그는 산들을 통째로 뽑아 제우스에게 던졌습니다. 하지만 제우스의 번개가 그 산들을 공중에서 산산조각 냈어요!

산 조각이 티폰에게 쏟아졌고, 그의 온몸에서 엄청난 양의 피가 흘러나왔습니다. 그의 피가 산을 뒤덮으며 산 전체를 붉게 물들였어요. 그래서 그 산을 하이모스, 즉 '피의 산'이라고 부르게 되었답니다.

티폰은 마지막 힘을 다해 시칠리아섬으로 도망쳤습니다. 제우스는 티폰을 뒤쫓아 시칠리아까지 갔습니다.

"더는 도망칠 곳이 없다!"

티폰은 마지막 저항으로 또 다른 산을 들어 올리려 했어요. 하지만 그의 힘은 이미 너무 약해졌습니다. 제우스는 그 기회를 놓치지 않았습니다. 그는 온 힘을 다해 거대한 에트나산을 들어 올렸습니다.

"이제 끝장이다!"

제우스는 도망치려던 티폰의 머리 위로 에트나산을 집어 던졌습니다. 쿠르르릉! 쾅! 천지를 뒤흔드는 굉음과 함께 티폰은 산

밑에 영원히 깔렸습니다. 티폰의 비명이 땅속에 울려 퍼졌어요.

오늘날까지도 에트나산은 활화산으로 남아 있습니다. 고대 그리스인들은 활화산 에트나가 뿜어대는 불을 티폰이 토해내는 숨결이라고 생각했습니다. 그리고 지진은 티폰이 산 밑에서 몸부림치는 것이라고 믿었답니다. 어떤 전승에서는 티폰이 완전히 죽은 것이 아니라 타르타로스로 떨어져 영원히 갇혔다고도 해요. 그곳에서 여전히 폭풍과 허리케인을 만들어내며, 세상에 자신의 분노를 표출하고 있다고 합니다.

제우스의 승리는 올림포스 신들의 권위를 확립하고, 인간 세계에 안정된 우주의 질서를 가져온 사건이 되었습니다. 도망쳤던 신들도 하나둘씩 올림포스로 돌아왔어요. 그들은 동물의 모습에서 다시 신의 형상을 되찾았습니다.

"제우스! 당신이 해냈군요!"

헤라가 감격하며 말했습니다.

"아버지, 당신은 진정한 왕이십니다!"

아테나가 무릎을 꿇었어요.

제우스는 지친 몸을 이끌고 올림포스 왕좌에 앉았습니다. 그는 이제 더는 도전받지 않았어요. 티탄의 반란, 기간테스의 침공, 그리고 티폰의 도전에 이르기까지, 세 번의 거대한 전쟁을 모두 승리로 이끈 제우스는 영원한 우주의 지배자로 확고히 자리 잡을 수 있었습니다.

○─ 〈거인의 몰락〉(1499~1546), 줄리오 로마노(Giulio Romano)

만토바의 팔라초 델 테 성의 벽과 천장을 가득 메운 프레스코화다. 기간테스가 일으킨 기간토마키아에서 승리하는 제우스를 담고 있다. 중앙의 제우스는 구름을 끌어모아 번개를 던지며 최고 신의 면모를 과시하는 듯하다. 제우스 머리 위로 날아다니는 독수리는 제우스의 상징이기도 하다.

비록 티폰은 패배했지만, 그의 흔적은 여전히 세상 곳곳에 남아 있습니다. 티폰은 반은 여자, 반은 뱀인 에키드나와의 사이에서 수많은 괴물을 낳았습니다. 지하 세계의 수문장이 된 케르베로스, 아홉 개의 머리를 가진 괴물 뱀 히드라, 괴물 키마이라, 머리가 둘 달린 괴물 개 오르트로스, 스핑크스, 네메아의 사자 등이죠. 이 괴물들은 후에 영웅들의 도전 대상이 되었고, 그리스 신화의 수많은 모험담을 낳았답니다.

티폰은 패배했지만, 그의 유산은 여전히 화산과 폭풍 속에서, 그리고 그의 무시무시한 자식들을 통해 살아 숨 쉬고 있습니다. 또한 '태풍'이라는 뜻을 가진 영어 단어 타이푼typhoon의 어원이기도 해요.

신화는 이렇게 자연의 힘과 인간의 두려움을 설명해주고, 우주의 질서가 얼마나 소중한지 가르쳐줍니다.

불을 훔친 프로메테우스

　기간테스와 티폰을 물리친 제우스가 올림포스의 왕좌에 올랐을 때, 우주는 비로소 질서라는 옷을 입었습니다. 그러나 신들의 잔치가 벌어지는 천상의 화려함과는 달리, 지상은 적막하고 공허했습니다. 신들에게 경배를 바치고 그들의 영광을 노래할 존재가 없었기 때문입니다. 이때 거인 신족이면서도 신들의 편에 섰던 영특한 티탄인 프로메테우스가 움직이기 시작했습니다.

　프로메테우스는 '미리 생각하는 자'라는 뜻입니다. 그는 다가올 미래를 내다보는 통찰력을 가졌기에 티탄들의 패배를 예견하고 제우스의 편에 섰던 티탄 신족의 일원이었습니다. 그는 대지의 어머니 가이아가 간직한 생명력을 이용하기로 했습니다. 프로메테우스는 강가에서 고운 진흙을 가져와 정성스럽게 빚었습니다.

그는 자신이 만든 피조물이 신들의 형상을 닮기를 원했습니다. 팔과 다리를 만들고 하늘을 우러러볼 수 있도록 고개를 세운 인형을 만들자, 지혜의 여신 아테나가 다가왔습니다. 그녀는 프로메테우스의 정성에 감복하여, 진흙 인형의 콧구멍 속에 신성한 숨결, 즉 '영혼의 나비'를 불어넣었습니다. 그 순간, 차가웠던 진흙에 온기가 돌며 인류의 첫 조상들이 눈을 떴습니다. 그러나 인간은 태생부터 결핍된 존재였습니다. 프로메테우스의 동생 에피메테우스나중에 생각하는 자가 사자에게는 용맹함을, 새에게는 날개를, 거북에게는 단단한 등껍질을 나누어주는 등 모든 선물을 사용하는 바람에 인간에게 줄 생존의 도구가 전혀 남지 않은 탓입니다.

벌거벗은 채 추위에 떠는 인간들을 보며 프로메테우스는 깊은 연민을 느꼈습니다. 그는 인간들이 신들에게 일방적으로 수탈당하지 않도록 돕고 싶었습니다. 어느 날, 메코네에서 신과 인간이 제물의 배분을 두고 회의를 열었을 때, 프로메테우스는 대담한 도박을 시도했습니다.

그는 황소 한 마리를 잡아 두 더미로 나누었습니다. 첫 번째 더미에는 쓸모없는 뼈다귀들을 모아 그 위에 번들거리는 하얀 지방기름을 두껍게 덮어 아주 먹음직스럽게 보이게 했습니다. 두 번째 더미에는 가장 맛 좋은 살코기와 내장을 모아 짐승의 지저분한 위장과 가죽으로 덮어 악취가 나고 볼품없게 만들었습니다.

프로메테우스가 이런 꾀를 부린 이유는 제우스로 하여금 겉모습만 보고 선택하게 만들어 신들이 겉보기에 화려하지만 실속 없는 제물을 받도록 하고, 인간들이 실제로는 더 가치 있는 고기를 차지할 수 있도록 하기 위해서였어요. 그는 제우스의 자만심과 권위에 대한 집착을 시험하며, 신과 인간 사이의 제물 분배 규칙을 인간에게 유리하게 바꾸려는 의도를 품고 있었던 것입니다.

제우스는 프로메테우스의 의도대로 겉모습이 화려한 첫 번째 더미를 선택했습니다. 그러나 기름을 걷어내자 드러난 것은 앙상한 뼈다귀뿐이었습니다. 지혜롭다고 자처하던 제우스가 티탄의 얕은수에 완벽히 속아 넘어간 것입니다. 격노한 제우스의 목소리가 올림포스를 뒤흔들었습니다.

"감히 나를 조롱하다니! 좋다, 인간들은 이제 고기를 얻었을지언정, 그것을 익혀 먹을 불은 영원히 갖지 못할 것이다!"

불을 빼앗긴 인간의 삶은 순식간에 암흑으로 변했습니다. 밤이 되면 맹수의 울음소리에 떨어야 했고, 생고기를 씹으며 추위에 시달렸습니다. 프로메테우스는 제우스의 잔인함에 맞서 대항하기로 결심했습니다. 그는 밤의 어둠을 틈타 올림포스의 꼭대기, 헤파이스토스의 대장간이나 태양 마차가 머무는 곳에 은밀히 잠입했습니다.

그는 횃불 대신 속이 비어 있고 수분이 많은 펜넬^{회향} 줄기를 준비했습니다. 줄기 안쪽의 부드러운 속살은 불씨를 가두면서도 겉으로 연기가 나지 않게 숨기기 좋았습니다. 프로메테우스는 신성한 불꽃 한 점을 줄기 속에 담아 재빨리 지상으로 내려왔습니다. 이 작은 불씨가 인간의 손에 닿는 순간, 인류의 역사는 바뀌었습니다. 어둠은 물러갔고, 금속을 녹여 도구를 만드는 기술과 문명이 탄생했습니다.

지상에서 피어오르는 연기를 본 제우스는 프로메테우스가 자신의 명령을 거역했음을 알았습니다. 제우스는 자비 없는 복수를 집행했습니다. 그는 대장간의 신 헤파이스토스를 시켜 꺾이지 않는 강철 사슬을 만들게 해서는, 프로메테우스를 세상의 끝인 카우카소스산의 절벽에 묶었습니다.

그 형벌은 끔찍했습니다. 제우스의 전령인 거대한 독수리가 매일 날아와 프로메테우스의 간을 날카로운 부리로 쪼아 먹었습니다. 프로메테우스는 불사의 몸이었기에 죽지 않았고, 밤이 되면 뜯겨 나간 간은 다시 재생되었습니다. 다음 날 아침이면 독수리는 어김없이 찾아와 다시 그의 배를 갈랐습니다.

이 영원한 고통 속에서도 프로메테우스는 결코 굴복하지 않았습니다. 그는 인간에게 선사한 불꽃이 언젠가 신들의 폭정을 끝낼 지혜의 빛이 되리라 믿었기 때문입니다. 그러나 제우스의 분노는 여기서 끝나지 않았습니다. 그는 프로메테우스를 벌하는 것만으로는 부족하다고 느꼈습니다. 그는 인간들에게 더 교묘하고 아름다운, 그래서 더 치명적인 재앙을 내립니다.

그것이 바로 완벽한 아름다움을 지닌 여성, 판도라였습니다.
제우스가 빚어낸 이 아름다운 형벌은 인간 세상을 어떻게 바꾸어
놓았을까요?

판도라의 상자

프로메테우스를 카우카소스의 절벽에 묶어둔 후에도 제우스의 분노는 가라앉지 않았습니다. 그는 인간들이 신의 전유물인 불을 소유하고, 그것을 발판 삼아 문명의 탑을 쌓아 올리는 것을 용납할 수 없었습니다.

제우스는 무력으로 인간을 짓밟는 대신, 그들의 삶 속으로 파고들어 스스로 파멸하게 할 가장 매혹적인 함정을 설계하기 시작했습니다. 그 함정의 이름은 판도라, '모든 선물을 받은 여인'이라는 뜻입니다.

제우스는 올림포스의 신들을 모두 소집하여 각자 가장 뛰어난 능력을 판도라에게 불어넣도록 지시했습니다. 그녀는 신들의 손끝에서 빚어진 인류 최초의 여성이자, 동시에 정교하게 조각된

독배毒杯였습니다.

헤파이스토스는 가장 부드러운 흙을 물에 이겨, 여신을 닮은 눈부신 외모와 생명력 있는 육체를 빚었습니다. 아테나는 그녀에게 눈부시게 흰옷을 입히고, 섬세한 손재주와 집안일의 지혜를 가르쳤습니다. 아프로디테는 거부할 수 없는 관능적인 매력과 우아한 몸짓을 부여하여, 보는 이의 영혼을 순식간에 빼앗게 했습니다. 헤르메스는 그녀의 혀에 감미로운 설득력과 교활한 말솜씨, 그리고 누구도 짐작하지 못할 대담함을 심어주었습니다.

이 모든 축복이 끝난 뒤, 제우스는 그녀의 가슴 깊은 곳에 가장 치명적인 성분인 '억누를 수 없는 호기심'을 주입했습니다. 그것은 판도라 본인조차 제어할 수 없는 파멸의 도화선이었습니다.

제우스는 눈부신 판도라를 프로메테우스의 동생 에피메테우스에게 선물로 보냈습니다. 프로메테우스는 바위에 묶여 고문당하기 직전, 동생의 손을 잡고 피를 토하듯 경고했습니다.

"에피메테우스야, 제우스가 보내는 것은 무엇이든 받지 마라! 그들의 호의 뒤에는 반드시 인간을 멸망시킬 날카로운 가시가 숨어 있을 것이다."

하지만 '나중에 생각하는 자'라는 이름처럼, 에피메테우스는 판도라의 미소를 마주한 순간 형의 간절한 목소리를 까맣게 잊어버렸습니다. 그녀의 눈동자를 보자마자 신들의 선물을 기쁘게 받아들였고, 곧 성대한 혼례를 올렸습니다.

판도라는 신들이 건넨 묵직하고 화려한 무늬의 항아리혹은 상자 하나를 혼수로 들고 왔습니다. 제우스는 그녀에게 속삭였습니다.

"이 항아리는 결코 열어서는 안 된다. 그 안에는 너희가 감당할 수 없는 신들의 비밀이 담겨 있다."

판도라는 행복하게 살면서도 늘 그 항아리에 마음을 빼앗겼습니다. 제우스가 심어놓은 호기심의 씨앗은 날이 갈수록 무성하게 자라나 그녀의 이성을 갉아먹었습니다.

'딱 한 번만 들여다보면 어떨까? 신들이 내게 이토록 아름다운 선물을 주었는데, 그 안엔 더 대단한 보석이 들어 있지 않을까?'

마침내 에피메테우스가 깊이 잠든 어느 고요한 밤, 판도라는 떨리는 손으로 항아리의 뚜껑을 잡았습니다. 뚜껑이 아주 살짝 들린 순간, 마치 기다렸다는 듯 불길한 검은 연기가 폭풍처럼 쏟아져 나오기 시작했습니다. 그것은 인간이 단 한 번도 경험해보지 못한 악의 군단이었습니다. 질병, 슬픔, 빈곤, 시기, 노화, 그리고 잔혹한 전쟁까지…. 그때까지 인간은 늙지도 병들지도 않았으며, 서로를 미워할 이유도 없었습니다. 그러나 항아리에서 빠져나온 재앙은 순식간에 온 세상을 뒤덮었고, 인간의 평화로운 낙원은 아비규환의 전쟁터로 변했습니다. 판도라는 공포에 질려 비명을 지르며 황급히 뚜껑을 닫았습니다.

재앙들이 모두 빠져나가고 깜깜한 항아리 속, 판도라는 바닥에서 희미하게 반짝이는 아주 작은 빛 하나를 발견했습니다. 그

○─ 〈판도라〉 (1896), 존 윌리엄 워터하우스(John William Waterhouse)

그리스 신화 속 인류 최초의 여성인 판도라가 호기심을 이기지 못하고 제우스가 열지 말라고 경고한 상자를 여는 순간을 묘사하고 있다.

것은 신들이 마지막 자비로 혹은 가장 가혹한 고문으로 넣어둔 날개 달린 존재 엘피스, 즉 희망이었습니다.

판도라는 망설임 끝에 뚜껑을 다시 열어 희망을 놓아주었습니다. 희망은 소리 없이 항아리를 빠져나와 재앙으로 인해 상처 입은 인간들을 부드럽게 감싸 안았습니다. 제우스는 인간에게 지울 수 없는 고통을 주었지만, 그 고통 속에서도 눈물을 닦으며 내일을 꿈꾸게 만드는 희망이라는 약을 남겨둔 것입니다. 만약 이 마지막 선물이 없었다면, 인간은 밀려드는 불행의 무게에 짓눌려 단 하루도 버티지 못하고 스스로 파멸했을 것입니다.

판도라의 이야기는 인간의 문명이 왜 이토록 고통과 슬픔으로 가득 찬 투쟁의 장이 되었는지를 보여줍니다. 그러나 제우스의 복수는 여기서 멈추지 않았습니다. 그는 인간들이 이 고통을 겪으면서도 여전히 오만함을 버리지 못하는 것을 보고, 대지 전체를 깨끗이 씻어버릴 더 거대하고 무시무시한 계획을 세웁니다. 그것이 바로 온 세상을 잠재울 거대한 물결, 대홍수였습니다.

인류의 다섯 시대

　고대 그리스의 시인 헤시오도스는 인간의 역사를 금, 은, 청동, 영웅, 철이라는 다섯 가지의 금속과 계급으로 나누어 설명합니다. 이것은 단순한 연대기가 아니라, 인간의 도덕성과 신들에 대한 경건함이 시간이 흐를수록 얼마나 처참하게 타락했는지를 보여주는 척도이기도 합니다. 마치 높은 절벽에서 심연으로 굴러떨어지듯, 시대가 바뀔수록 인간의 삶은 고통으로 물들었고 그 수명은 촛불처럼 짧아졌습니다.

황금시대

　인류의 첫 번째 장을 장식한 황금시대는 티탄 신족의 왕 크로노스가 우주를 다스리던 시절이었습니다. 이때의 인간들은 고통과 질병이 무엇인지조차 몰랐고, 늙음조차 그들을 비껴갔습니다.

세상은 경계 없는 평화로 가득했습니다. 대지는 쟁기질하지 않아도 꿀처럼 달콤한 열매와 풍성한 곡식을 내주었기에 인간은 땀 흘려 노동할 필요가 없었습니다. 그들은 신들과 한 식탁에서 음식을 나누며 장수했고, 죽음조차 두려운 종말이 아닌, 고된 하루 끝에 찾아오는 평온한 잠처럼 찾아왔습니다. 육신을 떠난 그들의 영혼은 선한 수호신이 되어 대지 위를 떠돌며 살아 있는 이들을 축복했습니다. 이것은 판도라가 항아리를 열기 전, 희망이라는 약 없이도 인간이 온전히 행복했던 유일한 시대였습니다.

은의 시대

제우스가 권력을 잡은 뒤 창조한 두 번째 인류인 은의 종족은 황금시대의 광채와는 비교할 수 없을 만큼 열등했습니다. 그들은 지혜가 부족했고 신체적으로도 불균형했습니다. 은의 시대 인간들은 무려 100년 동안이나 어머니의 품 안에서 철없는 아기로 자라났습니다. 기나긴 유년기가 지나고 성인이 된 그들에게 허락된 삶은 아주 짧고 덧없었습니다.

이 시대에 이르러 우주에는 처음으로 계절이 생겼습니다. 영원한 봄은 사라지고 혹독한 추위와 숨 막히는 열기가 번갈아 찾아왔습니다. 인간은 생존을 위해 동굴을 파고, 소를 부려 척박한 땅을 갈아야 했습니다. 그러나 가장 큰 문제는 그들의 오만함이었습니다. 은의 종족은 신들을 무시했고, 제단에 제물도 바치지 않았습니다. 분노한 제우스는 이 불경한 종족을 대지 아래에 묻어버렸고, 그들은 지하의 축복받은 영령으로 남았습니다.

청동 시대

제우스는 물푸레나무 가지에서 세 번째 종족인 청동 인류를 빚어냈습니다. 이들은 은의 시대가 가졌던 순진함조차 상실한, 전쟁에 미친 종족이었습니다. 그들은 청동으로 된 집에서 살며 청동 무기를 들고 오직 살육과 파괴에서만 기쁨을 찾았습니다.

곡식을 먹는 대신 전쟁의 신 아레스의 광기를 먹고 자란 이들은 서로를 죽이는 데 모든 시간과 에너지를 쏟았습니다. 신을 향한 경외심이나 예술적 성취 따위는 거추장스러운 장식이었습니다. 결국 그들의 사악함이 극에 달해 세상이 핏빛으로 물들자, 제우스는 더 이상 이들을 지켜볼 수 없었습니다.

제우스는 하늘의 문을 열어 거대한 홍수를 내렸고, 청동 종족은 자신들이 휘두르던 무기보다 차가운 물 속에서 흔적도 없이 멸망했습니다. 그러나 그 직전에, 프로메테우스의 아들 데우칼리온과 그의 아내 피라만이 방주를 만들어 살아남아 인류의 희망을 이어갑니다.

영웅 시대

청동 시대의 참혹한 잔해 위에 제우스는 다시 한번 새로운 종족을 세웠습니다. 이들은 이전 세대보다 훨씬 도덕적이고 용맹한 영웅 시대의 인간들이었습니다. 이들 중 다수는 신과 인간의 사이에서 태어난 반신반인으로, 초인적인 힘과 숭고한 정신을 지녔습니다.

트로이의 평원에서 명예를 위해 목숨을 건 아킬레우스와 오디세우스, 테베의 일곱 장군들 같은 영웅은 역사의 주인공이 되었습니다. 그들은 피할 수 없는 비극적 운명에 시달렸지만, 두려움 없이 맞서며 인간의 존엄성을 증명했습니다.

죽음 이후, 그들은 하데스의 어두운 그늘이 아닌, 영원한 낙원 엘리시온에서 신들과 같은 안식을 누렸습니다. 인간이 신의 경계에 가장 가까이 다가갔던, 인류 역사에서 마지막 불꽃 같은 시대였습니다.

철 시대

영웅들의 시대가 저물고, 마침내 우리가 속한 철의 시대를 맞이했습니다. 시인 헤시오도스는 자신이 이 시대에 태어난 것을 한탄하며 고통과 결핍의 시대라 정의했습니다.

철의 인간들은 탐욕에 눈이 멀어 부모를 배신하고 친구를 의심하며, 힘 있는 자가 권력을 휘두르는 사악함 속에 살아갑니다. 밤낮으로 이어지는 노동은 그들의 등을 굽게 했고, 근심은 그들의 영혼을 갉아먹었습니다. 마침내 양심의 가책마저 사라지자, 인간 곁에 마지막까지 남아 있던 정의의 여신 디케와 수치심의 여신 아이도스는 하얀 옷자락을 휘날리며 하늘로 돌아가버렸습니다.

이제 지상에는 가혹한 고난만이 남았고, 악을 막아줄 신의 손길은 끊겼습니다. 헤시오도스는 예언합니다. 아이들의 머리카락이 태어날 때부터 하얗게 세고 인간의 도덕이 완전히 무너지는 날, 제우스는 이 철의 종족마저 멸망시킬 것이라고 말입니다.

인류는 찬란한 황금에서 비루한 철로 추락했습니다. 그러나 이 철의 절망 속에서도, 청동 시대의 대홍수를 뚫고 살아남아 인류의 씨앗을 다시 심었던 마지막 희망의 유산은 여전히 인간의 핏속에 흐르고 있습니다. 홍수의 파도를 이겨낸 그 생존자들은 누구였을까요?

데우칼리온과 피라

청동 시대에 인간들의 타락은 극에 달했습니다. 그들은 신에 대한 경외심을 완전히 잃어버렸습니다. 제우스는 지상에 만연한 사악함의 실체를 직접 확인하기 위해 초라한 나그네의 모습으로 변장하고 인간 세상을 시찰했습니다. 그러나 그가 아르카디아의 왕 리카온의 궁전에 도착했을 때, 인류는 신의 인내심을 완전히 바닥나게 할 만큼 최악의 짓을 저질렀습니다.

잔혹하기로 이름난 리카온은 눈앞의 나그네가 제우스라는 소문을 듣고도 코웃음을 쳤습니다. 그는 신의 전지전능함을 시험해 보겠다며, 자신의 아들 닉티모스를 죽여 요리를 만들어 제우스에게 내놓았습니다. 인륜을 저버린 잔혹한 범죄에 분노한 제우스는 즉시 벼락을 내리쳐 궁전을 불태웠고, 도망치는 리카온에게 저주를 내렸습니다. 인간의 언어를 잃고 울부짖는 늑대로 전락한 리카온은 오만함이 빚어낸 인간의 야만성을 보여주는 영원한 상징이 되었습니다. 이 사건을 계기로 제우스는 마침내 올림포스 회의에서 준엄하게 선언했습니다.

"더는 이 사악한 종족을 지켜볼 수 없다! 나는 천둥과 번개로 땅을 태우려 했으나, 그 화염이 신들의 거처까지 닿을까 우려된다. 대신, 나는 거대한 물결로 이 지상의 모든 오물을 씻어버릴 것이다!"

제우스의 명령이 떨어지자마자, 바다의 신 포세이돈은 삼지창으로 대지를 내리쳐 모든 강과 둑을 무너뜨렸습니다. 하늘에서는 남풍의 신 노토스가 젖은 날개를 휘저으며 칠흑 같은 구름 속에서 끝없는 비를 쏟아부었습니다.

순식간에 산봉우리가 섬이 되었고, 찬란했던 도시와 마을은 깊은 바다에 퇴적물처럼 가라앉았습니다. 들판에는 물고기가 헤엄쳤고, 사자나 늑대도 밀려드는 파도 앞에서 인간과 함께 물에 수장됐습니다. 세상은 다시 형태를 잃은 카오스의 시절처럼, 끝을 알 수 없는 암흑의 바다 외에는 아무것도 보이지 않는 상태가 되었습니다.

이 멸망의 소용돌이 속에서 오직 두 명의 의로운 인간만이 구원의 손길을 받았습니다. 카우카소스에 묶여 있던 프로메테우스는 홍수를 예견하고 아들 데우칼리온에게 은밀히 경고했습니다.

데우칼리온과 그의 아내 피라^{판도라의 딸}는 평소 신들을 경건히 모시고 정의를 지키며 살아갔습니다.

데우칼리온은 아버지의 조언에 따라 거대한 방주를 만들어 식량을 채웠습니다. 아홉 날 밤낮을 작은 방주는 산맥을 집어삼킨 광포한 물결 위를 표류했습니다. 열흘째 되는 날, 비가 멎고 물이 빠지기 시작하면서 방주는 마침내 파르나소스산의 가장 높은 꼭대기에 멈춰 섰습니다.

지상에 발을 내디딘 부부를 맞이한 것은 시체가 즐비하고 진흙으로 뒤덮인 황폐한 세계였습니다.

"우리는 살아남았으나, 이제 누구와 세상을 나누겠소?"

절망에 빠진 그들은 신탁의 여신 테미스의 신전으로 향했습니다. 신전의 이끼 낀 돌계단 위에서 그들은 기이한 목소리를 들었습니다.

"머리를 감싸고 너희들의 위대한 어머니의 뼈를 등 뒤로 던져라!"

처음에 그들은 어머니의 무덤을 파헤치라는 잔인한 명령으로 오해해서 공포에 떨었습니다. 그러나 프로메테우스의 지혜를 물려받은 데우칼리온이 이내 무릎을 탁 쳤습니다.

"위대한 어머니는 만물의 모태인 대지 가이아이시며, 대지의 뼈는 바로 땅에 박힌 돌을 뜻하는 것이오."

부부는 길가에 널린 돌들을 집어 등 뒤로 던졌습니다. 그러자

○─ 〈데우칼리온과 피라〉(1636~1637). 페테르 파울 루벤스

대홍수 이후 신탁에 따라 머리를 천으로 감싼 데우칼리온과 피라가 어머니의 뼈, 즉 돌을 던져 새로운 인간을 창조하는 장면이다. 뒤에 보이는 건물은 테미스의 신전으로 보인다. 피라가 던진 돌은 여자, 데우칼리온이 던진 돌은 남자가 되었다.

놀라운 광경이 펼쳐졌습니다. 데우칼리온이 던진 딱딱한 돌은 근육질의 남성으로, 피라가 던진 매끄러운 돌은 부드러운 여성으로 변해 자리에서 일어났습니다. 돌에서 태어난 이 새로운 인류는 이전 세대보다 훨씬 굳세고 인내심이 강했습니다. 이 신비로운 인류 탄생을 통해 인류의 씨앗은 다시 지상에 뿌리를 내렸습니다. 이제 대홍수의 상처를 씻어낸 우주는 새로운 통치 질서를 확립했습니다.

이제부터 이 모든 사건의 기획자이자 올림포스의 가장 꼭대기에서 번개를 휘두르는 절대 권력자, 제우스의 모든 비밀을 파헤쳐볼까요?

2장

하늘과 바다, 지하 세계를 담당하는 신들

천상의 지배자, 제우스

제우스는 그리스 신화 전체를 관통하는 가장 중요한 신입니다. 그는 올림포스산의 최고 지배자이자 하늘과 천둥, 번개를 관장하는 강력한 왕입니다. 그의 권력은 절대적이지만, 그의 삶은 스캔들, 모험 그리고 수없는 드라마로 가득 차 있습니다.

제우스의 시작은 위태로웠습니다. 아버지 크로노스에게 잡아먹힐 운명이었던 그는 어머니 레아의 기지 덕분에 겨우 목숨을 구했습니다. 크로노스가 삼킨 것은 아기가 아닌 돌멩이였고, 제우스는 세상의 끝 크레타섬의 딕테 동굴에서 비밀리에 자랐습니다. 그는 님프들의 보살핌을 받으며, 신성한 염소 아말테이아의 젖을 먹고 무서운 속도로 성장했습니다. 아기 제우스의 울음소리가 동굴 밖으로 새어 나가지 않도록, 무장한 요정 전사들인 쿠레테스가 방패와 창을 격렬하게 부딪치며 소음의 장벽을 만들었습니다.

이렇게 비밀스레 성장한 제우스는 훗날 티타노마키아라는 거대한 전쟁을 일으켰고, 마침내 구토를 일으키는 약초의 힘으로 형제자매를 구출합니다. 그는 형제들과 함께 티타노마키아라는 대전쟁을 승리로 이끌고 명실상부한 3세대 신들의 왕으로 등극합니다.

제우스는 권력을 휘두르는 폭군이라기보다는 우주의 질서와 정의를 지키는 궁극적인 권위자로, 신들과 인간 세계를 아우르는 통치자입니다. 그의 손에는 천둥과 번개가 쥐어져 있습니다. 키클롭스가 만들어준 이 무기는 제우스의 분노와 강력한 힘을 상징하며, 하늘을 가르는 섬광과 천둥소리는 곧 그의 존재를 드러내는 신성한 표식입니다.

제우스의 왕권은 그저 권력의 상징이 아니라, 운명을 결정하는 절대적 권위였습니다. 그는 올림포스의 신들을 다스리고, 인간 세계의 질서를 관장하며, 세상의 균형을 유지하는 자였습니다.

특히 제우스는 법과 정의를 중시했습니다. 고대 그리스에서 나그네를 친절하게 대접하는 '손님 접대의 법크세니아'은 예절을 넘어선 신성한 규율이었습니다. 제우스는 이를 어기는 자를 엄격히 벌해 인간 사회의 도덕적 기초를 지켜냈습니다.

그를 상징하는 동물은 독수리였습니다. 제우스의 전령으로서 높은 하늘에서 지상의 모든 부조리를 감시하는 눈이 되었습니다. 독수리가 날개를 펴는 곳마다 제우스의 권위가 서렸습니다.

신들의 왕으로서 제우스는 올림포스의 회의를 주재하고, 인간 세상의 도덕적 타락을 심판했습니다. 대홍수를 일으켜 인류를 멸망시키려 했던 그의 결정은 그저 화가 나서가 아니라 질서와 정의를 회복하기 위한 신성한 심판이었습니다.

제우스와 헤라는 신들의 왕과 여왕으로 즉위했지만, 제우스의 멈추지 않는 애정 행각은 올림포스의 평화를 자주 깨뜨렸습니다. 님프, 인간 여성, 심지어 여신들까지 유혹의 대상으로, 그 과정에서 제우스는 자신의 욕망을 충족시키기 위해 기상천외하고 다양한 모습들로 변신했습니다. 이오를 유혹할 때는 헤라의 눈을 피해 안개구름으로 변신했습니다. 그러나 헤라의 질투는 이오를 소로 만들어 그녀의 운명을 뒤흔들었습니다. 레다를 유혹할 때는 우아한 백조로 변신했어요. 제우스와 사랑을 나눈 레다는 헬레네, 폴리데우케스, 카스토르, 클리타임네스트라를 낳았어요. 이들 중 헬레네와 폴리데우게스는 제우스의 혈통, 카스토르와 클리타임네스트라는 레다의 남편 틴다레오스의 혈통이었어요. 다나에는 황금비로 변신하여 사랑을 나누었고, 제우스의 아들인 영웅 페르세우스를 낳았어요. 에우로페를 유혹할 때는 흰 황소로 변신했어요. 황소는 에우로페를 등에 태우고 바다를 건넜습니다. 그녀의 이름은 오늘날 유럽의 어원이 되었습니다. 알크메네를 유혹할 때는 그녀의 남편인 암피트리온 모습으로 변신했어요. 알크메네가 낳은 제우스의 아들은 인류 최강의 영웅 헤라클레스였어요.

이처럼 제우스는 많은 연인과 사랑을 나누었고, 그 과정에서 수많은 영웅이 탄생했습니다. 그러나 그의 애정 행각은 아내 헤라의 지독한 질투와 복수극을 불러왔습니다. 헤라는 제우스가 사랑했던 여성들과 그들의 자식들을 끈질기게 괴롭혔고, 이 복수는 그리스 신화의 수많은 주요 사건을 낳았습니다.

티탄들을 물리쳤음에도 제우스의 권위에 대한 도전은 계속되었습니다. 최악의 도전은 바로 거인족 기간테스와의 전쟁, 즉 기간토마키아였습니다. 이 거인들은 앞서 보았듯이, 아버지 우라노스가 거세될 때 땅가이아에 떨어진 피에서 태어난 존재들이었습니다. 어머니 가이아는 아들들티탄의 패배에 분노하여 기간테스를 보내 제우스에게 복수하려 했습니다.

기간테스는 올림포스산을 점령하기 위해 산을 쌓아 올리는 등 엄청난 위협을 가했습니다. 하지만 인간 영웅의 도움이 필요하다는 신탁이 내려왔고, 제우스의 아들 중 하나인 영웅 헤라클레스의 활약 덕분에 신들은 승리할 수 있었습니다.

제우스는 모든 도전을 물리치고 불멸의 권좌를 지켜냈습니다. 가이아는 마지막 수단으로 앞서 살펴본 최악의 괴물 티폰을 보냈으나, 제우스는 치열한 혈투 끝에 그마저 에트나산 아래에 가두며 비로소 우주의 유일무이한 절대자로 우뚝 섰습니다.

○─ 〈유피테르(제우스)와 테티스〉 (1811),
　　장오귀스트도미니크 앵그르(Jean-Auguste-Dominique Ingres)

제우스와 바다의 여신 테티스, 여신은 신들의 왕 제우스에게 자신의 아들 아킬레우스를
도와달라고 간청하고 있다. 제우스는 오른손에 권위를 상징하는 왕홀을 들고 있고, 옆에
는 그를 상징하는 동물인 독수리가 있다.

신들의 왕 제우스는 강력하고 찬란했지만, 그의 곁을 지키는 여왕 헤라의 가슴속에는 지울 수 없는 배신감과 고통의 불꽃이 타오르고 있었습니다. 남편의 외도가 낳은 자식들을 향한 그녀의 끈질기고 잔혹한 복수는 그리스 신화의 또 다른 거대한 물줄기를 형성합니다.

과연 신들의 여왕 헤라는 가정과 자존심을 지키기 위해 어떤 무시무시한 계획을 세웠을까요?

이오의 눈물과 방랑

　제우스는 티폰을 물리친 후 신들의 왕이자 우주의 지배자로 우뚝 섰지만, 그의 마음은 늘 새로운 설렘을 찾아 지상의 숲과 강가로 향했습니다. 어느 날, 하늘 위에서 대지를 굽어살피던 제우스의 눈에 아르고스의 공주이자 헤라 신전의 고결한 여사제인 이오가 들어왔습니다. 눈동자는 깊은 호수처럼 맑았고, 몸짓은 부드러운 바람에 흔들리는 버드나무 같았습니다. 하지만 신들의 왕에게 그녀는 정복하고 싶은 대상이었고, 이는 곧 신들의 여왕 헤라의 질투라는 거대한 폭풍 속으로 이오를 밀어 넣는 위험한 전조였습니다.

　제우스는 이오를 유혹하기 위해 대낮에 아르고스의 들판에 기이하고 짙은 먹구름을 내렸습니다. 태양 빛조차 뚫지 못하는 이 거대한 구름 장막은 지상의 눈들을 가리는 은밀한 침실이 되었습니다. 하지만 올림포스의 높은 곳에서 남편의 행적을 감시하던 헤라는 이 부자연스러운 어둠을 놓치지 않았습니다. 바람 한 점 없는 맑은 하늘에 갑자기 나타난 어둠이 제우스의 외도를 감추기 위한 수단임을 직감한 그녀는 번개처럼 지상으로 강림했습니다.

아내의 서늘한 기운이 구름 속을 파고들자, 당황한 제우스는 곁에 있던 이오를 눈부시게 하얀 암소로 급히 변신시켰습니다. 안개가 걷히고 헤라가 나타났을 때, 제우스는 시침을 뚝 떼고 암소 옆에 서 있었습니다. 그러나 헤라는 속지 않았습니다. 그녀는 짐승이 된 이오의 슬픈 눈망울 속에 숨겨진 인간의 영혼을 꿰뚫어 보았고, 태연하게 제우스에게 제안했습니다.

"이토록 아름다운 암소는 본 적이 없군요. 내게 선물로 주시겠어요?"

제우스는 의심을 피하기 위해 찢어지는 듯한 심정으로 사랑하는 여인을 헤라의 손에 넘겨주어야만 했습니다. 한편 헤라는 이오를 결코 놓아줄 생각이 없었습니다. 그녀는 온몸에 100개의 눈이 달려 잠들 때조차 몇몇 눈은 번갈아 뜨고 있는 거인 아르고스에게 암소를 감시하게 했습니다.

이오는 낮에는 뜨거운 뙤약볕 아래서 풀을 뜯고, 밤에는 차가운 땅바닥에서 목줄에 묶인 채 잠들었어요. 자신의 아버지를 보고도 "음매" 하는 짐승의 울음밖에 낼 수 없는 처지가 된 이오는 절망했습니다.

이 비극을 지켜보던 제우스는 마침내 전령의 신 헤르메스를 불렀습니다. 헤르메스는 나그네로 변장하고 아르고스에게 다가가 감미로운 피리 연주를 들려주기 시작했습니다. 그리고 수천 가지의 지루한 이야기를 늘어놓기 시작하자 아르고스의 100개의 눈이 하나씩 감겼습니다. 마침내 마지막 눈까지 감기고 깊은 잠에 빠져들자, 헤르메스는 날카로운 칼을 뽑아 거인의 목을 베어버렸습니다. 헤라는 충직한 종 아르고스의 죽음을 슬퍼하며 그의 눈을 뽑아 자신이 아끼는 공작의 깃털에 박아주었습니다. 이것이 오늘날 공작의 꼬리에 화려한 눈 모양 무늬가 있는 이유라고 전해집니다.

그렇게 구출됐지만 이오의 고통은 더욱 가혹해졌습니다. 아르고스를 잃고 격노한 헤라는 무시무시한 독과 집요함을 가진 쇠파리 한 마리를 보내 암소가 된 이오를 끊임없이 찌르게 했습니다. 쇠파리의 침에 찔린 이오는 고통을 이기지 못하고 미친 듯이 전 세계를 도망다니기 시작했습니다.

그녀는 바다를 헤엄쳐 건넜고 이 바다는 그녀의 이름을 따서 이오니아해가 됩니다, 캅카스의 절벽에 묶인 프로메테우스를 만나 위로를 받기도 했습니다. 유럽과 아시아를 가르는 좁은 해협을 사람들은 '소가 건넌 길'이라는 뜻의 보스포루스라 불렀습니다. 절규하며 대륙을 횡단하던 이오가 마침내 도달한 곳은 이

헤라의 옆에 있는 공작새는 100개의 눈을 가진 아르고스를 상징한다. 헤라의 명을 받들어 이오를 밤낮으로 감시하다가 헤르메스에 의해 처단당했고, 이를 기리기 위해 아르고스의 눈을 공작새의 꼬리에 붙여 넣었다. 헤라가 구름을 수상히 여겨 흩뜨리자, 제우스는 이오를 암소로 둔갑시켜 헤라의 눈을 속이려 한다. 날개 달린 에로스는 망토로 이오를 가려주려고 하고, 뒤에 붉은 가면을 쓴 아르고스가 그 망토를 걷어내는 장면이다.

집트의 나일강 유역이었습니다. 나일강의 진흙 위에 무릎을 꿇고 하늘을 향해 고통에 찬 신음을 내뱉는 이오를 보며, 제우스는 더 이상 참지 못하고 헤라 앞에 무릎을 꿇었습니다. "다시는 이오를 만나지 않겠소. 그러니 제발 저 가련한 여인을 그만 용서해주시오."

제우스의 간절한 맹세에 헤라는 마침내 저주를 거두었습니다. 그제야 이오는 암소의 가죽을 벗어 던지고 다시 아름다운 여인의 모습을 되찾았습니다. 이오는 그곳에서 제우스의 아들 에파포스를 낳았고, 그는 훗날 이집트 왕조의 시조가 되었습니다. 이오의 이야기는 신의 사랑이 필멸자에게 얼마나 가혹한 시련이 될 수 있는지 보여주는 처절한 기록이었습니다. 하지만 신의 질투로 인해 짐승의 가죽에 갇혀 밤하늘의 전설이 된 여인은 이오뿐만이 아니었습니다. 숲속의 사냥꾼에서 거대한 곰이 되어 북쪽 하늘에 박제된, 더 애절한 별자리의 주인공 칼리스토도 있습니다.

밤하늘의 곰이 된 칼리스토

이오의 소동이 가라앉고 지상에 잠시 정적이 찾아오는 듯했지만, 올림포스 제왕의 시선은 다시 한번 아르카디아의 짙은 원시림으로 향했습니다. 그곳에는 달빛 아래에서 오직 순결만을 맹세한 채 살아가는 눈부신 요정 칼리스토가 살고 있었습니다. 그녀는 사냥의 여신 아르테미스를 그림자처럼 따르며 숲을 누비는 무리 중 가장 용맹하고 아름다운 사냥꾼이었습니다.

칼리스토는 남성들의 유혹을 거부한 채 여신과의 서약을 목숨처럼 지켰습니다. 제우스는 그녀의 철벽같은 마음을 허물기 위해 비열하고도 영리한 계략을 세웠습니다. 남자의 모습으로는 결코 그녀의 곁에 있을 수 없음을 알고, 제우스는 칼리스토가 이 세상에서 가장 신뢰하고 사랑하는 존재인 아르테미스 여신의 모습으로 완벽하게 변신했습니다.

사냥에 지쳐 숲의 그늘에서 잠시 숨을 돌리던 칼리스토는 다정하게 다가오는 여신을 보고 기쁘게 맞이했습니다. 여신제우스은 평소와 달리 지나치게 부드러운 손길로 그녀를 어루만졌습니다. 칼리스토가 이상함을 느끼고 그것이 제우스의 기만적인 유혹임을 깨달았을 때는 이미 돌이킬 수 없는 상황이었습니다. 여신과의 맹세를 어겼다는 지독한 죄책감에 휩싸인 칼리스토는 배가 불러오는 것을 동료들에게 숨기고 매일 밤 눈물로 지샜습니다.

그러나 비밀은 오래가지 못했습니다. 어느 무더운 여름날, 숲속 시냇가에서 목욕하기 위해 옷을 벗었을 때 아르테미스는 칼리스토의 부푼 배를 보았습니다. 순결을 신성시하던 여신은 격노했고, "부정한 자여, 내 숲을 더럽히지 말고 떠나라!"라며 그녀를 즉시 무리에서 추방했습니다. 홀로 숲을 헤매다 아들 아르카스를 낳은 칼리스토에게, 제우스의 아내 헤라가 복수의 화신이 되어 나타났습니다.

"감히 비천한 요정 주제에 나의 침소를 모독하고 자식까지 낳았느냐! 네가 그토록 자랑하던 미모를 짐승의 가죽 속에 가두어 주마!"

헤라의 저주가 내려지자 칼리스토의 고운 피부 위로 빳빳하고 검은 털이 돋아나기 시작했습니다. 희고 가냘팠던 손가락은 구부러져 날카로운 발톱이 되었고, 아름다운 목소리는 찢어지는 듯한 괴성이 되어 터져 나왔습니다.

거대한 곰으로 변한 칼리스토는 공포에 질려 숲속으로 도망쳤습니다. 그녀는 인간의 마음과 기억을 그대로 간직한 채, 다른 맹수들을 두려워하고 사냥꾼들의 화살을 피해 다니는 비참한 짐승의 삶을 견뎌야 했습니다.

열다섯 해가 흘렀습니다. 어머니의 소식을 모른 채 강인한 사냥꾼으로 성장한 아들 아르카스가 우연히 칼리스토가 숨어 지내던 숲을 지나게 되었습니다. 곰이 된 칼리스토는 단번에 아들을 알아보고 감격에 겨워 달려갔습니다. 하지만 아르카스의 눈에는 칼리스토가 그저 자신을 공격하는 거대한 곰의 모습일 뿐이었습니다.

아르카스가 어머니의 심장을 향해 차가운 활 끝을 겨누고 시위를 당기려던 찰나, 차마 아들이 어머니를 죽이는 존속살해의 비극을 지켜볼 수 없었던 제우스가 개입했습니다. 제우스는 회오리바람을 일으켜 아르카스도 새끼 곰으로 변하게 한 뒤, 두 사람을 한꺼번에 하늘로 올려 밤하늘의 빛나는 별자리로 만들었습니다. 이것이 큰곰자리와 작은곰자리의 별자리에 얽힌 이야기입니다.

그러나 헤라의 질투는 천상에까지 이어졌습니다. 그녀는 바다의 신들에게 간청하여 "저 부정한 모자가 나의 영역에서 쉬지 못하게 하라"라고 명령했습니다. 그 저주 때문에 큰곰자리는 다른 별자리들이 지평선 아래 바다로 내려가 휴식을 취할 때도 결코 물에 닿지 못한 채, 밤새도록 차가운 북쪽 하늘을 영원히 맴돌아야 하는 방랑의 형벌을 받았습니다.

칼리스토의 이야기는 제우스의 무책임한 정욕과 헤라의 잔인한 응징이 빚어낸 가장 애처로운 별자리 전설로 남았습니다. 그러나 올림포스를 뒤흔드는 갈등은 여기서 멈추지 않았습니다. 사랑과 질투를 넘어, 이제는 신들 사이에 더 직접적이고 치열한 권력의 충돌이 일어납니다.

질투의 여왕, 헤라

올림포스의 황금빛 궁전, 그 가장 높은 곳 제우스의 옆자리에는 여왕의 권좌가 놓여 있습니다. 무지갯빛 깃털의 공작들을 거느리고, 머리에는 눈부신 왕관 스테파노스를 쓴 채 엄숙한 기품을 뿜어내는 여신이 헤라입니다.

헤라는 결혼과 가정의 신성함을 수호하는 여왕이었으나, 역설적으로 자신의 결혼 생활은 올림포스에서 가장 불행했고 치열한 전쟁 같았습니다. 헤라는 제우스의 누이이자, 아버지 크로노스의 어둠 속에서 함께 구출된 동료였습니다. 바람둥이로 명성이 자자했던 제우스였지만, 헤라의 마음을 얻는 일은 결코 쉽지 않았습니다. 그녀의 고결함과 자존심 때문에 제우스의 가벼운 유혹을 받아들이지 않았던 것입니다.

어느 비 내리는 추운 날, 제우스는 가냘픈 뻐꾸기 한 마리로 변신해 헤라의 창가에서 바르르 떨었습니다. 비에 젖은 작은 새를 가엽게 여긴 헤라가 뻐꾸기를 품에 안아 온기를 나누어주는 순간, 제우스는 본모습으로 돌아와 그녀에게 영원한 사랑을 맹세하며 정식으로 청혼했습니다.

제우스와 헤라의 결혼식은 온 우주가 들썩일 만큼 성대했습니다. 대지의 어머니 가이아는 축하의 의미로 황금 사과가 열리는 신성한 나무를 선물했고, 헤라는 명실상부한 신들의 여왕으로서 찬란한 권위를 얻었습니다. 하지만 그 영광의 무게는 곧 제우스의 끝없는 배신으로 인해 독이 든 성배가 되었습니다.

헤라는 결혼의 수호신답게 정절을 굳게 지켰습니다. 그러나 남편 제우스는 권력이 커질수록 욕망의 고삐를 풀었습니다. 헤라는 제우스를 직접 처벌할 수 없었기에, 그녀의 분노는 항상 남편이 사랑한 여성들과 그들이 낳은 무고한 자식들에게 향했습니다. 이것은 헤라만의 처절한 복수 공식이 되었습니다.

이오와 칼리스토 외에 또 다른 연인 세멜레는 테베의 왕 카드모스의 딸이었습니다. 그녀 역시 제우스와 사랑을 나눈 후 그의 아이를 잉태했는데, 이 사실을 알게 된 헤라는 질투심에 불타 세멜레의 옛 유모인 베로에로 변신하여 그녀에게 접근했죠. 헤라는 세멜레에게 그녀의 연인이 정말 제우스인지 확인해봐야 한다며 의심을 부추겼습니다. 그러자 세멜레는 인간으로 변신하고 나타난 제우스에게 신으로서의 본모습을 보여달라고 졸랐습니다. 제우스는 난처했지만, 이미 세멜레가 원하는 모든 소원을 들어주겠다고 스틱스강에 맹세한 뒤였어요. 마지못해 제우스는 휘황찬란한 광채를 띤 신의 모습으로 나타났고, 세멜레는 그 자리에서 타 죽고 맙니다. 그러나 그녀의 태중에 있던 아이는 살아남아, 술과 환희의 신 디오니소스가 됩니다.

제우스의 자식 중에서 헤라에게 가장 많은 괴롭힘을 당한 이는 영웅 헤라클레스였어요. 그는 제우스와 인간 알크메네 사이에서 태어났는데, 제우스는 헤라의 분노를 가라앉히기 위해 아들의 이름을 '헤라의 영광'이라는 뜻에서 헤라클레스라고 지었습니다. 그러나 헤라는 갓 태어난 헤라클레스를 죽이기 위해 독사를 보냈을 만큼 미워했습니다.

성장한 후에도 헤라클레스는 지독한 괴롭힘을 당했고, 평생에 걸쳐 열두 가지 끔찍한 임무를 수행해야 했습니다. 그러나 그 고난 속에서 헤라클레스는 불멸의 영웅으로 성장하며 인간과 신의 경계를 넘어선 존재가 되었습니다.

이러한 복수로 인해, 헤라는 여성으로서의 고통, 질투, 권위 있는 여왕의 무서운 집념을 상징하게 되었습니다. 그녀의 무서운 눈빛과 복수심은 올림포스 신들마저 두려워할 정도였습니다.

헤라는 질투와 복수를 넘어 제우스의 통치권에 정면으로 도전하기도 했습니다. 그녀는 제우스의 오만함에 불만을 품은 포세이돈, 아폴론 등과 결탁하여 제우스가 잠든 사이 그를 쇠사슬로 묶어 권좌에서 끌어내리려 했습니다. 올림포스 역사상 가장 위험했던 이 반란은 바다의 여신 테티스가 데려온 백수 거인 브리아레오스의 개입으로 무산되었습니다.

분노한 제우스는 주동자인 헤라의 손목에 황금 쇠사슬을 채워 하늘 높이 매달아 씻을 수 없는 모욕을 주었습니다. 밤새 끔찍한 고통에 시달린 헤라는 다시는 반역하지 않겠다고 맹세한 후에야 풀려날 수 있었습니다. 이 사건은 그들의 부부 관계가 단순한 애증을 넘어선 살벌한 권력 투쟁의 관계임을 단적으로 보여줍니다.

헤라를 상징하는 공작의 깃털 무늬는 이오를 감시하다 죽은 아르고스를 기리기 위해 그의 눈을 새겨 넣은 훈장과도 같습니다. 헤라는 신화에서 잔혹한 악역으로 자주 묘사되지만, 불성실한 배우자로 인해 무너진 가정의 품격을 지키려 애쓰며 고독하게 투쟁한 여왕으로 재평가받기도 합니다.

헤라의 서늘한 눈빛이 올림포스의 복도를 주시하고 있을 때, 저 멀리 심해의 깊은 곳에서는 또 다른 거대한 힘이 요동치고 있었습니다. 제우스의 형제이자 거친 파도와 지진을 다스리는 바다의 군주가 삼지창을 들고 일어설 준비를 마쳤기 때문입니다.

바다와 지진의 신, 포세이돈

올림포스의 형제들 중 제우스의 권위에 맞설 수 있는 유일한 존재를 꼽으라면, 단연 바다의 군주 포세이돈일 것입니다. 그는 푸른 제국의 주인인 동시에 지진과 말馬을 관장하는 거칠고 장엄한 군주입니다. 티타노마키아 이후 제비뽑기를 통해 바다의 통치권을 거머쥔 그는 올림포스의 신들 중에서 가장 길들지 않은 야성과 변덕스러운 성격을 지닌 것으로 유명합니다.

포세이돈의 상징인 삼지창은 단순한 어구漁具가 아닙니다. 키클로페스 형제들이 그에게 선물한 이 신성한 무기는 바다를 가르고 집채만 한 폭풍을 부르는 마법의 지팡이인 동시에, 지면을 내리쳐 산맥을 쪼개고 거대한 지진을 일으키는 파괴의 도구였습니다. 고대 그리스인들은 땅이 흔들릴 때마다 '대지를 흔드는 자'

포세이돈이 분노하여 삼지창으로 땅을 쳤다고 믿고 공포에 떨었습니다.

그는 청동 발굽과 황금 갈기를 가진 해마상체는 말이고 하체는 물고기인 괴수들이 끄는 전차를 타고 파도 위를 질주합니다. 그가 전차를 몰고 수평선을 가로지를 때면 날뛰던 파도는 거짓말처럼 잠잠해지고, 거대한 고래와 돌고래 무리가 물 위로 솟구치며 그들의 왕을 찬양했습니다. 하지만 그 위엄 뒤에는 무서운 보복이 숨어 있었습니다. 그의 자존심을 건드린 항해자들에게 바다는 자비 없는 무덤으로 변했기 때문입니다.

포세이돈은 바다의 지배자였지만, 육지의 중요한 도시들을 차지하기 위해 다른 신들과 경쟁하곤 했습니다. 그중 가장 유명한 이야기는 지혜의 여신 아테나와 도시 국가 케크로피아의 수호신 자리를 두고 경쟁한 일이었죠.

케크로피아의 왕은 케크롭스였어요. 그는 아크로폴리스에 백성들을 모아놓고 포세이돈과 아테나 중 수호신을 선택하라고 했고, 백성들은 두 신에게 우리 도시를 위해 무엇을 해줄 수 있는지 보여달라고 부탁했습니다. 포세이돈은 삼지창으로 땅을 내리쳐 샘물이 솟아오르게 했습니다. 그러나 그의 선물은 실용적이지 못했습니다. 물이 짜서 마시거나 농사를 지을 때 사용할 수 없었기 때문입니다. 일부 전해지는 이야기에서는 그가 인류에게 최초의 말을 선물했다고도 전해집니다.

반면 아테나는 올리브 나무와 농사 기술을 알려주겠다고 했습니다. 올리브는 음식과 기름, 목재를 제공하며 인간의 삶에 실질적인 혜택을 가져다주는 선물이었습니다. 아테네 시민들은 아테나의 선물을 더 가치 있다고 판단하여 그녀를 도시의 수호신으로 선택했습니다. 그리고 도시의 이름도 아테나 여신이 보호하는 도시라는 의미의 아테네로 바꾸었습니다.

수호신 경쟁에서 패배한 포세이돈은 분노하여 아테네에 큰 홍수를 일으켰어요. 이는 그의 성격이 얼마나 격렬하고 변덕스러운지를 보여줍니다. 이후 아테네는 아테나의 지혜와 올리브 나무 덕분에 번영했고, 포세이돈은 바다의 왕으로서 자신의 영역에 머물렀습니다.

포세이돈의 집요한 복수심을 가장 처절하게 경험한 인물은 영웅 오디세우스였습니다. 트로이전쟁을 승리로 이끌고 고향으로 향하던 오디세우스는 우연히 한 섬에 들렀는데, 그곳에서 포세이돈의 아들인 외눈박이 거인 폴리페모스의 눈을 멀게 했습니다. 아들의 비명을 들은 포세이돈은 부르짖었습니다.

"오디세우스가 결코 제 발로 고향 땅을 밟지 못하게 하리라!"

그날 이후, 오디세우스는 10년간 지옥 같은 방랑을 해야 했습니다. 포세이돈은 오디세우스가 고향에 가까워질 때마다 거대한 폭풍을 일으켜 배를 조각냈고, 그를 낯선 괴물들의 섬으로 밀어 넣었습니다. 오디세우스에게 바다는 더 이상 길이 아니라, 포세

○─ 〈아테나와 포세이돈의 분쟁〉 (1748), 노엘 알레(Noel Halle)

아테나와 포세이돈이 아티카 지역을 두고 수호신 경쟁을 벌인 사건을 그린 것이다. 투구를 쓴 아테나 옆에는 올리브 나무가 있고, 말을 상징하기도 하는 포세이돈이 삼지창을 들고 홍수를 일으키는 장면이다. 아테나와 포세이돈은 사이가 좋지 않았다. 아테나의 무녀이자 절세미인이었던 메두사를 포세이돈이 아테나의 신전에서 강제로 취했고, 화가 난 아테나는 메두사를 흉측한 괴물로 만들고 눈이 마주치는 사람을 돌로 만드는 저주를 내렸다. 포세이돈도 사랑하는 여인을 잃은 탓에 서로 사이가 멀어졌다.

이돈이 쳐놓은 거대한 덫이었습니다. 이 이야기는 인간의 지혜가 아무리 뛰어나도 압도적인 자연의 힘 포세이돈 앞에서는 얼마나 나약한지 상징적으로 보여줍니다.

포세이돈의 연애사 또한 파도처럼 격렬했습니다. 그는 마음에 드는 상대가 있으면 때와 장소를 가리지 않고 자신의 힘을 과시했습니다. 아름다운 메두사와 포세이돈의 만남은 결국 그녀를 괴물로 만드는 비극으로 이어졌고, 행방을 감춘 누이 데메테르를 찾기 위해 스스로 말로 변신해 그녀를 쫓는 집요함을 보이기도 했습니다.

하지만 이런 안하무인의 폭군 포세이돈도 단 한 번, 한 여인의 마음을 얻기 위해 침묵하고 기다려야 했던 순간이 있었습니다. 바다의 여왕이 되기를 거부하고 차가운 심해 속으로 몸을 숨겨버린 신비로운 님프 암피트리테와의 숨바꼭질이 시작된 것입니다.

그렇다면 바다의 난폭자 포세이돈이 어떻게 아름다운 네레이스 바다 요정의 마음을 돌려 푸른 제국의 여왕으로 맞이했는지, 그 파도보다 깊은 구애의 이야기를 살펴볼까요?

아름다운 바다의 여왕, 암피트리테

포세이돈의 푸른 제국은 늘 집채만 한 파도와 지진으로 가득했지만, 정작 그의 화려한 황금 궁전 아이게에는 서늘한 적막만이 감돌았습니다. 바다의 모든 생물을 무릎 꿇린 군주였으나, 정작 자신의 거친 성정을 달래주고 고독한 왕좌를 함께 지킬 반려가 없었기 때문입니다. 그러던 어느 날, 낙소스섬의 해안가에서 자매들과 함께 파도를 밟으며 우아하게 춤을 추던 요정 암피트리테가 포세이돈의 눈에 들어왔습니다.

바다의 원로 네레우스의 딸인 암피트리테는 은빛으로 빛나는 고운 피부와 심해의 신비로움을 머금은 푸른 눈동자를 지닌 요정이었습니다. 하지만 그녀는 수평선을 가르며 다가오는 포세이돈의 육중한 전차 소리를 듣자마자 겁에 질렸습니다. 그녀에게 포세이돈은 사랑의 대상이 아니라, 삼지창으로 대지를 찢고 배를 침몰시키는 무시무시한 폭군일 뿐이었습니다.

포세이돈이 거친 숨을 몰아쉬며 구애의 손길을 뻗자, 그녀는 곧바로 바다 깊숙이 몸을 던졌습니다. 그녀는 세상의 서쪽 끝, 거대한 티탄 아틀라스가 억겁의 세월 동안 하늘을 어깨에 지고 서 있는 곳으로, 빛조차 닿지 않는 외딴 심해로 숨어버렸습니다. 지배욕이 강한 포세이돈이었지만 이번만큼은 강제로 그녀를 끌고 오고 싶지 않았습니다. 그는 두려움이 아닌 마음을 얻고 싶었기에, 바다의 모든 생물에게 엄명을 내렸습니다.

"나의 신부가 될 암피트리테를 찾아내라. 그녀의 마음을 돌려 내 곁으로 데려오는 자에게는 신에 버금가는 상을 내리겠다!"

수많은 바다 괴물과 물고기가 심해를 샅샅이 뒤졌으나, 그녀의 은신처를 찾아내고 마음의 빗장을 연 것은 영리하고 다정한 돌고래였습니다. 돌고래는 바들바들 떨고 있는 암피트리테에게 조심스럽게 다가가 파도의 노래처럼 부드러운 목소리로 말을 건넸습니다.

"아름다운 암피트리테여, 포세이돈 님은 당신이 생각하는 것처럼 파괴만을 즐기는 분이 아닙니다. 그분이 삼지창을 휘두르는 것은 바다의 무질서를 바로잡고 평화를 지키기 위함입니다. 당신이 그분의 곁에서 차가운 심장을 따뜻하게 감싸준다면, 그분의 거친 파도는 당신의 눈짓 한 번에 잠잠해질 것이고 온 바다는 진정한 평화의 안식을 얻을 것입니다."

돌고래의 진심 어린 설득은 암피트리테의 마음을 돌렸습니다. 그녀는 마침내 돌고래의 등에 올라 포세이돈의 궁전으로 돌아왔습니다. 포세이돈은 여왕을 위해 진주와 산호로 궁전을 단장하고 극진히 맞이했습니다. 둘은 성대한 결혼식을 올렸습니다. 포세이돈은 사랑의 메신저가 되어준 돌고래의 공로를 잊지 않고, 밤하늘의 별자리 돌고래자리로 만들어 영원히 빛나게 해주었습니다.

암피트리테는 바다의 여왕이 된 후, 포세이돈의 폭풍 같은 성격을 다스려주었습니다. 제우스의 벼락만큼 무서웠던 포세이돈의 분노도 여왕의 부드러운 손길이 닿으면 잔잔한 미풍으로 변하곤 했습니다. 두 사람 사이에서는 상체는 인간이고 하체는 물고기인 아들 트리톤이 태어났습니다. 트리톤은 아버지로부터 물려받은 소라 나팔을 불며, 파도를 깨우거나 잠재우는 바다의 전령 역할을 수행했습니다.

포세이돈 역시 제우스의 전철을 밟아 메두사나 스킬라 같은 연인들과 외도를 저지르긴 했지만, 암피트리테는 헤라처럼 격렬한 복수심에 타오르기보다 바다의 고요함처럼 묵묵히 자신의 자리를 지켰습니다. 그녀의 지혜와 인내 덕분에 포세이돈의 푸른 제국은 비로소 파괴적인 힘과 우아한 품격을 동시에 갖춘 완전한 왕국이 되었습니다.

바다의 수평선 아래 평화로운 왕국이 완성될 무렵, 대지의 가

○─ 〈넵투누스의 승리〉 (1700~1725), 봉 불로뉴(Bon Boullogne)

로마 신화의 넵투누스는 그리스 신화의 포세이돈에 대응하는 신이다. 왕관을 쓰고 삼지창을 들어 포세이돈임을 한눈에 알 수 있다. 또한 아름답고 현명하며 우아한 암피트리테의 모습이 잘 표현되어 있다. 그녀는 불같은 포세이돈의 성격을 잠재우고 거친 바다 세계를 다스리도록 도왔다.

장 깊은 곳에 있는 빛조차 닿지 않는 어둠의 왕국에서도 조용한 움직임이 시작되고 있었습니다. 포세이돈의 또 다른 형제이자 죽은 자들의 영혼을 다스리는 은둔의 왕이 지상으로 고개를 내밀 준비를 하고 있었던 것이죠.

올림포스의 화려한 빛을 뒤로하고 스스로 지하의 어둠을 택한 왕, 그의 차가운 왕좌 뒤에 숨겨진 고독과 엄격한 질서의 이야기를 알아봅시다.

어둠의 제왕, 하데스

세상의 끝, 태양 마차가 지평선 아래로 가라앉아 다시는 빛을 비추지 않는 곳에 형체 없는 안개로 둘러싸인 보이지 않는 문이 있습니다. 그 문 너머에는 올림포스의 주신들조차 언급하기를 꺼리며, 산 자들의 비명이 닿지 않는 거대한 지하 왕국이 있습니다. 바로 제우스와 포세이돈의 형제이자, 죽은 자들의 영원한 안식처를 다스리는 하데스의 영토입니다.

다만, 그리스 신화 속 지하 세계는 현대의 지옥과는 그 성격이 다릅니다. 이곳은 망자들의 영혼이 모여드는 거대한 대기실이자 거주지였기에, 악인들만 가는 징벌의 장소가 아니었습니다. 왕부터 노예까지 인간이라면 누구나 운명이 다하면 가야 하는, 피할 수 없는 최종 목적지였습니다.

티타노마키아의 전쟁이 끝나고 우주가 평온을 되찾아 세 형제가 통치 영역을 나누기 위해 제비를 뽑았을 때, 제우스는 무한한 하늘을, 포세이돈은 요동치는 바다를 가졌으나 맏이였던 하데스가 손에 쥔 것은 빛 한 줄기 들지 않는 차가운 지하 세계였습니다. 하지만 하데스는 불평 한마디 없었습니다. 그는 소란스러운 연회와 변덕스러운 지상의 삶보다는, 정적과 불변의 질서가 지배하는 지하의 엄숙함을 더 사랑했기 때문입니다.

하데스에게는 키클롭스들이 선물한 신성한 보물인 퀴네에, 즉 황금 투구가 있었습니다. 이 투구를 쓰면 신들조차 그의 기척을 느낄 수 없었고, 공포스러운 형체조차 사라졌습니다. 그래서 사람들은 그를 이름 대신 '보이지 않는 자'라고 부르며 두려워했습니다. 그는 지상의 소란에는 무관심했으나, 한 번 자신의 영역으로 발을 들인 영혼에는 예외 없이 법을 집행하는 차갑고 공정한 군주였습니다.

하데스의 왕국으로 가는 길에는 기괴한 풍경과 영혼의 신음으로 가득합니다. 망자들이 이승의 옷을 벗고 가장 먼저 마주하는 것은 삶과 죽음의 경계를 흐르는 다섯 개의 강입니다.

첫 번째 아케론은 비탄의 강입니다. 사수死水가 무겁게 흐르는 이곳에는 늙은 뱃사공 카론이 기다리고 있습니다. 입안에 노자를 물지 못한 영혼들은 이 강가에서 영원히 구천을 떠돌아야만 합니다. 두 번째 코키토스는 시름의 강입니다. 사랑하는 이들을 두고 떠나온 영혼들의 통곡 소리가 흐릅니다. 세 번째 플레게톤은 불의 강입니다. 피 대신 끓어오르는 불길이 흐르며, 죄지은 영혼에 정화와 징벌의 공포를 선사합니다. 네 번째 스틱스는 증오의 강입니다. 신들이 이 강의 이름을 걸고 맹세하면 제우스조차 결코 어길 수 없는 절대적인 권위를 지닙니다. 다섯 번째 레테는 망각의 강입니다. 이 강물을 한 모금 마시는 순간, 영혼은 지상에서의 모든 기억, 기쁨과 고통, 사랑했던 연인의 얼굴까지 씻어내고 비로소 죽은 자로 완전히 거듭납니다.

이 강들을 모두 건너면 지하 왕국의 수문장, 머리가 셋 달린 괴물 개 케르베로스가 나타납니다. 그는 들어오는 영혼에는 꼬리를 치며 환영하지만, 다시 밖으로 나가려는 자에게는 세상에서 가장 잔인한 포식자가 되어 앞길을 막아섭니다.

사람들은 하데스를 죽음과 연결 지어 공포의 대상으로 여겼지만, 동시에 그는 플루톤, 즉 '부유한 자'라고도 칭송받았습니다. 인간들이 목숨을 걸고 찾아 헤매는 금, 은, 보석 등 땅속에 묻힌 모든 광물이 하데스의 것이기 때문입니다. 그뿐만 아니라, 대지를 뚫고 솟아나는 모든 생명의 뿌리 또한 그의 차가운 보살핌 아래 있습니다.

하데스는 제우스처럼 지상을 돌며 외도를 저지르지도, 포세이돈처럼 괜한 심술로 지진을 일으키지도 않습니다. 그는 흑단 왕좌에 앉아 망자들의 명부를 살피고, 세 명의 재판관미노스, 라다만티

이 내리는 판결이 공정하게 집행되는지 감시합니다. 그는 비정한 신이지만, 결코 부당한 신은 아닙니다.

하데스의 왕궁은 검은 대리석으로 지어져 차갑고 장엄한 위엄을 뽐냈습니다. 올림포스의 궁전에 웃음소리와 향기로운 넥타르가 흘러넘칠 때, 그의 궁전에는 오직 영혼들의 낮은 속삭임과 지하 깊은 곳에서 울리는 거대한 정적만이 가득했습니다. 모든 생명은 그의 왕국에 발을 들여야 하는 운명이었고, 하데스의 앞에서는 영웅도 노예도 평등한 그림자일 뿐이었습니다.

하지만 이토록 철저하고 냉혹한 하데스의 심장에도 예상치 못한 불꽃이 튀는 사건이 발생합니다. 어둠뿐인 그의 왕국에 지상의 봄 햇살을 그대로 옮겨놓은 듯한 소녀, 페르세포네혹은 코레가 나타난 것이죠. 하데스는 평생 처음으로 법과 질서가 아닌, 자신의 뜨거운 욕망을 따라 움직이기로 결심합니다.

그러나 그 세기의 로맨스를 다루기에 앞서, 죽음의 신 하데스를 두 번이나 속이고 신들의 권위에 정면으로 도전했던 인류 역사상 가장 영악한 인간의 이야기를 먼저 들려드리겠습니다. 하데스를 분노케 한 시시포스의 기상천외한 사기극과 그가 받은 영원한 형벌의 정체는 무엇일까요?

신들을 속인 시시포스

하데스의 지하 왕국은 한번 발을 들이면 신들조차 함부로 나갈 수 없는 절망의 땅입니다. 그러나 지상의 코린토스를 세운 왕 시시포스는 그 누구도 감히 상상하지 못한 일을 계획했습니다. 그는 신들의 은밀한 비밀을 훔쳐보고, 그것을 거래의 도구로 삼았으며, 급기야 죽음 그 자체를 포로로 삼아 대담한 도박을 벌였습니다.

시시포스는 인간 중에서 가장 영리하고도 교활한 자였습니다. 어느 날, 그는 제우스가 강의 신 아소포스의 딸 아이기나를 납치하는 장면을 우연히 목격했습니다. 딸을 잃고 슬픔에 잠겨 세상을 헤매던 아소포스에게 시시포스는 은밀하고도 치명적인 제안을 건넵니다.

"당신 딸이 어디 있는지 알려줄 테니, 내 도시 코린토스에 마르지 않는 샘물을 하나 만들어주시오."

목마른 백성들을 위한다는 명분이었지만, 감히 신들의 왕 제우스의 비밀을 자신의 정치적 이득을 위해 팔아버린 셈이었습니다. 이 사실을 안 제우스는 격노했습니다. 신들의 사생활을 인간이 거래의 수단으로 삼은 것은 용납할 수 없는 반역이었습니다. 그래서 제우스는 죽음의 신 타나토스를 보내 시시포스를 당장 지하 세계로 끌고 오라고 명했습니다.

보통의 인간이라면 타나토스의 서늘한 그림자만 보고도 사색이 되어 목숨을 구걸했겠지만, 시시포스는 오히려 미소를 지으며 그를 맞이했습니다. 그는 미리 준비해둔 정교하고 튼튼한 수갑을 들고 타나토스에게 접근했습니다.

"오, 위대한 죽음의 신이여, 당신이 쓰는 그 수갑은 어떻게 작동하는 것인지요? 직접 시범을 보여주실 수 있겠습니까?"

어처구니없게도 타나토스는 시시포스의 능청스러운 속임수에 넘어가 스스로 자기 손목에 수갑을 채웠고, 시시포스는 그 즉시 타나토스를 깊숙한 지하실에 가둬버렸습니다. 죽음의 신이 포로가 되자 세상에는 기이한 일이 벌어졌습니다. 전쟁터에서 심장을 찔려도, 높은 절벽에서 떨어져도 사람이 죽지 않게 된 것입니다. 죽음이 멈추자 우주의 질서는 무너졌고 지상은 아수라장이 되었습니다. 결국 전쟁의 신 아레스가 직접 나서서 타나토스를 구출하고서야 죽음은 다시 제대로 이루어졌습니다.

마침내 타나토스의 손에 이끌려 하데스 앞에 선 시시포스. 하지만 그는 이미 두 번째 도주 계획을 세워둔 상태였습니다. 죽기 직전, 그는 아내에게 신신당부했습니다.

"내가 죽거든 내 시신을 거리에 내던지고, 결코 장례를 치르지 마시오. 신들에게 바치는 제물도 올리지 마시오."

하데스의 궁전에 도착한 시시포스는 억울한 표정을 지으며 눈물을 흘렸습니다.

"위대한 하데스시여, 저의 무지한 아내가 저의 시신을 모욕하며 장례조차 치러주지 않고 있습니다. 이는 지하 왕국의 법도를 무시하는 처사입니다. 잠시만 지상으로 보내주신다면 아내를 따끔하게 혼내고 장례를 치른 뒤, 사흘 안에 반드시 돌아오겠습니다."

냉혹한 하데스조차 이 영악한 인간의 명연기에 속아 그를 지상으로 보내주었습니다. 하지만 햇빛을 다시 본 시시포스가 제 발로 돌아올 리 만무했습니다. 그는 코린토스 궁전에서 호화로운 연회를 베풀며 신들을 비웃었고, 천수를 누릴 때까지 지상에서 버텼습니다.

수십 년 뒤, 마침내 수명이 다한 시시포스가 다시 지하 세계로 끌려왔을 때 하데스의 분노는 타르타로스의 불길보다 뜨거웠습니다. 하데스는 그에게 다시는 도망칠 수도, 잔머리를 굴릴 수도

○─ 〈시시포스〉 (1548~1549), 티치아노 베첼리오(Tiziano Vecellio)

시시포스는 신들을 기만한 죄로 저승에서 커다란 바위를 산 정상으로 밀어 올리는 형벌을 받았다. 바위는 정상에 도달하면 다시 아래로 굴러 떨어지기 때문에, 그는 이 무의미한 노동을 영원히 반복해야 했다.

없는 영원한 형벌을 내렸습니다. 그것은 타르타로스의 가파른 고갯마루 위로 거대한 바위를 밀어 올리는 일이었습니다. 시시포스는 온몸의 근육이 비명을 지르고 숨이 턱 끝까지 차오르는 고통을 견디며 정상을 향해 바위를 밀어 올렸습니다. 하지만 바위가 정상을 단 한 뼘 남겨둔 순간, 알 수 없는 힘에 의해 바위는 다시 산 아래로 사정없이 굴러떨어졌습니다. 시시포스는 허탈함과 절망 속에서 다시 산을 내려가 그 바위를 밀어 올려야 합니다. 성취도 없고 끝도 없는, 무의미한 노동의 무한 반복. 하데스는 지혜를 악용해 삶을 연장하려 했던 시시포스에게 희망 고문이라는 가장 잔혹한 형벌을 내린 것입니다.

그래서 오늘날에도 끝없이 반복되는 고된 일을 '시시포스의 바위'라고 부릅니다. 시시포스가 타르타로스의 먼지 구덩이에서 바위를 밀고 있을 때, 지상에서는 또 다른 오만한 자가 신들의 인내심을 시험하고 있었습니다. 시시포스가 영악함으로 죄를 지었다면, 이 인물은 잔인함과 광기로 신들을 도발했습니다. 자신의 친아들을 요리해 신들의 식탁에 올리는 인륜을 저버린 범죄를 저지른 왕이 받은 영원한 갈증과 굶주림의 형벌은 무엇일까요?

신들을 시험한 탄탈로스

지하 세계 타르타로스의 가장 깊은 곳, 시시포스가 돌을 밀어 올리며 헉헉대는 곳에서 그리 멀지 않은 장소에 기이한 호수가 하나 있습니다. 맑은 호수 가운데에는 한 남자가 목까지 차오른 물속에 서 있습니다. 그의 머리 위로는 즙이 뚝뚝 떨어질 듯한 포도와 무화과, 잘 익은 사과가 주렁주렁 매달린 가지들이 유혹하듯 내려와 있습니다. 하지만 이 평화로운 풍경은 사실 신화 속 인류 역사에서 가장 잔혹한 형벌이 집행되는 현장입니다. 그 주인공은 리디아의 왕이자 제우스의 아들이었던 탄탈로스입니다.

탄탈로스는 제우스가 특히나 총애하는 아들이었습니다. 그는 필멸의 인간 중 유일하게 올림포스산의 황금 궁전에 초대받아 신들과 함께 식탁에 앉는 특권을 누렸습니다. 그는 신들의 음식인 암브로시아와 불로불사의 술 넥타르를 맛보며 신들의 은밀한 대화를 엿듣곤 했습니다.

그러나 과도한 행운은 독이 되었습니다. 탄탈로스는 겸손 대신 오만함을 선택했습니다. 그는 올림포스에서 들은 신들의 비밀을 지상에 내려와 떠벌리며 신과 대등한 존재라고 스스로 과시했습니다. 심지어 신들의 전용 음식인 암브로시아를 훔쳐내어 인간 친구들에게 나눠주기까지 했습니다. 제우스는 아들을 향한 사랑으로 이 모든 무례함을 인내하며 기회를 주었으나, 탄탈로스의 광기는 마침내 천륜을 저버리고 파멸의 길로 접어들었습니다.

탄탈로스는 신들이 정말로 모든 것을 꿰뚫어 보는 전지전능한 존재인지 의심하기 시작했습니다. 그는 신들을 자신의 궁전으로 초대해 성대한 연회를 베풀었는데, 상상조차 할 수 없는 범죄를 저질렀습니다. 자신의 친아들인 펠롭스를 살해하여 그 살점으로 국을 끓여 신들의 식탁에 올린 것입니다.

"만약 이들이 정말 신이라면 인간의 고기를 알아채겠지. 하지만 모른 채 먹는다면, 이들은 그저 나보다 힘만 센 멍청한 괴물들에 불과하다!"

연회에 참석한 신들은 식탁에 오른 고기에서 풍기는 기이한 냄새를 맡자마자 경악하며 숟가락을 놓았습니다. 탄탈로스의 사악한 의도를 즉각 알아차린 것입니다. 단 한 명, 딸 페르세포네를 잃은 슬픔에 넋이 나가 있던 곡물의 여신 데메테르만이 무심결에

<〈탄탈로스가 신에게 베푼 잔치〉 (1766), 위그 타라발(Hugues Taraval)

신을 시험하기 위해 친아들 펠롭스를 요리해 대접한 탄탈로스를 제우스가 분노한 표정으로 째려보고 있다. 그의 앞에 독수리가 도사리고 앉아 있는 것을 보면 알 수 있다. 탄탈로스를 묶어서 대령하는 신은 날개 달린 모자를 쓴 헤르메스다. 제우스가 안은 아이는 다시 살아난 펠롭스이고, 그 뒤에서 놀란 표정을 지은 여신은 데메테르다. 탄탈로스는 오만함과 악행에 대한 대가로 타르타로스에 갇혀 영원히 고통받았다.

어깨 살 한 점을 먹었을 뿐이었습니다. 격노한 제우스는 즉시 벼락을 내려 그를 살해했고, 펠롭스의 유해를 다시 모아 생명을 불어넣었습니다. 이때 데메테르가 먹어버린 어깨 부위는 대장장이신 헤파이스토스가 정교하게 깎은 상아로 채워 넣었습니다.

지하 세계로 끌려온 탄탈로스에게 하데스는 가장 잔혹한 형벌을 선사했습니다. 그것은 바로 눈앞에는 풍요가 넘치는 가운데 영원한 결핍을 겪게 하는 것이었습니다. 탄탈로스는 목이 타들어 가는 갈증에도 물 한 모금 마실 수 없었습니다. 그가 물을 마시려고 호수로 고개를 숙이면, 물은 마치 살아 있는 것처럼 순식간에 땅 밑으로 꺼져 사라지고, 바닥은 거북등처럼 갈라진 진흙으로 변했습니다. 허기에 지친 그가 머리 위로 손을 뻗어 가지에서 과일을 따려 하면, 갑자기 거센 폭풍이 불어와 나뭇가지를 하늘 높이 밀어 올렸습니다. 여기에 더해, 그의 머리 위에는 거대한 바위가 가느다란 실에 매달린 채 언제 떨어질지 모르는 위태로운 상태로 고정되어 있습니다.

그는 굶주림과 갈등, 언제 닥칠지 모르는 죽음의 공포 속에서 영원히 고통받아야 합니다. 오늘날 '애타게 하여 괴롭히다'라는 뜻의 영어 단어 tantalize는 바로 탄탈로스의 비극적인 이름에서 유래했습니다.

3장

신의 광명에 도전한 인간들

대지의 눈물, 데메테르

죽음과 어둠이 지배하던 하데스의 영역을 벗어나, 다시 생동하는 생명과 풍요의 세계로 돌아와볼까요? 인류가 누리는 풍요는 사실 데메테르 여신의 지극한 사랑과 그 사랑이 꺾였을 때 흘린 처절한 눈물 덕분입니다. 가장 위대한 어머니의 모성애가 세상을 어떻게 꽃피우고, 또 어떻게 얼어붙게 만들었는지 그 거대한 서사를 만나봅시다.

올림포스 12신 중 인간에게 가장 친숙하고 자비로운 이를 꼽으라면 단연 데메테르일 것입니다. 그녀는 곡식과 수확, 대지의 비옥함을 관장하며 인간들에게 농경의 기술을 전수해 굶주림의 공포에서 구해낸 풍요의 수호자입니다. 그녀가 발을 딛는 곳마다 새싹이 돋아났고, 그녀가 미소 지을 때 대지는 황금빛 곡식의 물결로 넘실거렸습니다.

이 평화로운 풍요 뒤에는 그녀의 목숨보다 소중한 딸 페르세포네가 있었습니다. 페르세포네는 봄의 화신 그 자체였습니다. 그녀가 걷는 길마다 꽃들이 다투어 피어났고, 그 미소는 대지의 생명력을 유지하는 근원이었습니다. 데메테르는 딸을 세상의 모든 험한 것으로부터 보호하며 애지중지 키웠습니다. 그러나 그 눈부신 아름다움은 결국 지하 세계의 왕 하데스의 차가운 심장에 욕망의 불꽃을 지피고 말았습니다.

어느 날, 페르세포네가 니사의 들판에서 요정들과 꽃을 꺾으며 평화롭게 놀고 있을 때였습니다. 하데스는 그녀를 유혹하기 위해 세상에서 가장 향기롭고 눈부신 수선화 한 송이를 땅에서 솟아나게 했습니다. 페르세포네가 그 신비로운 꽃에 매료되어 손을 뻗는 순간, 평온하던 대지가 거대한 굉음과 함께 갈라졌습니다. 검은 말들이 끄는 황금 마차를 탄 하데스가 불현듯 튀어나와, 비명을 지르는 페르세포네를 낚아채 깊은 어둠 속으로 사라져버렸습니다. 찢어지는 딸의 비명을 듣고 달려온 데메테르 앞에는 오직 짓밟힌 꽃송이들과 차갑게 닫혀버린 땅만이 남아 있었습니다.

절망에 빠진 여신은 머리를 풀어 헤치고 검은 옷을 입은 채, 양손에 횃불을 들고 세상 끝까지 아홉 낮 아홉 밤을 헤맸습니다. 신의 품격조차 내던진 채 오직 딸의 이름을 부르짖는 그녀의 통곡 소리에 온 세상이 뒤흔들렸습니다.

여신이 슬픔에 잠겨 대지를 돌보지 않자, 지구상에는 유례없는 재앙이 닥쳤습니다. 씨앗은 땅속에서 싹을 틔우지 못한 채 썩어갔고, 쟁기는 딱딱하게 굳은 흙 위에서 부러졌습니다. 따스한 햇살 대신 서리가 내렸고, 인간들은 극심한 기근으로 신음하며 죽어갔습니다. 제우스가 여러 신을 보내 그녀를 달래려 했지만, 데메테르의 대답은 단호했습니다.

"내 딸을 되찾기 전에는 대지에 단 하나의 싹도 허락하지 않겠노라."

결국, 인간의 멸망과 신들에 대한 제사가 끊길 것을 우려한 제우스는 헤르메스를 지하 세계로 보내 페르세포네를 돌려보내게끔 명했습니다. 하데스는 순순히 물러나는 척하며, 떠나는 페르세포네에게 달콤한 석류알 몇 알을 건넸습니다. 페르세포네는 아무것도 먹지 않다가, 긴장과 허기에 지쳐 아무 의심 없이 석류를 받아 먹었습니다. 하지만 그것은 지하 세계의 음식을 먹은 자는 반드시 그곳으로 돌아와야 한다는 명계의 법칙을 이용한 하데스의 치밀한 함정이었습니다.

제우스의 중재로 페르세포네는 1년 중 3분의 2는 지상에서 어머니와 지내고, 나머지 기간은 지하 세계의 왕비로서 하데스 곁에 머물기로 했습니다. 딸이 지상으로 돌아오는 시기에 데메테르의 기쁨은 대지에 그대로 투영되어 꽃이 피고 만물이 소생하는

ㅇ— 〈케레스(또는 여름)〉 (1717~1718), 장앙투안 바토(Jean-Antoine Watteau)

곡물과 수확의 여신 데메테르를 묘사하고 있다. 케레스는 로마 신화에서 데메테르에 대응하는 신이다. 여신은 손에 수확을 상징하는 낫을 들고 있으며, 주변은 황금빛 밀 이삭으로 둘러싸여 있다. 여름철 별자리인 사자자리의 사자, 게자리를 상징하는 가재가 함께 묘사되어 있어, 이 그림이 '여름'을 나타내고 있음을 알 수 있다.

봄과 여름이 됩니다.

하지만 다시 이별의 시간이 다가와 페르세포네가 어둠의 왕국으로 내려가면, 데메테르는 다시 검은 옷을 입고 깊은 동굴 속으로 숨어버립니다. 이때 대지는 온기를 잃고 잎들은 떨어지며 생명력은 땅속 깊이 몸을 숨깁니다. 이것이 바로 가을과 겨울의 기원입니다. 인간은 이 순환을 통해 기다림과 인내를 배웠고, 겨울의 추위 뒤엔 반드시 희망찬 봄이 온다는 우주의 섭리를 깨달았습니다.

데메테르의 눈물은 대지를 얼어붙게 했지만, 생명이 다시 피어나기 위해 휴식하는 거대한 질서를 완성했습니다. 그녀의 슬픔이야말로 진정한 풍요의 원천이 된 것입니다. 데메테르의 슬픔이 멈추고 땅에 다시 싹이 트기 시작할 무렵, 여신은 자신에게 친절을 베푼 인간들에게 특별한 은혜를 베풀기로 결심합니다. 데메테르의 축복을 전달한 트리프톨레모스의 이야기를 알아봅시다.

데메테르의 전령, 트리프톨레모스

딸 페르세포네를 하데스에게 빼앗기고 슬픔에 잠겨 지상을 방랑하던 데메테르는 엘레우시스라는 작은 마을에서 잠시 걸음을 멈추었습니다. 여신은 그곳에서 초라한 노파로 변신한 채 쉬고 있었고, 그 마을의 왕 켈레오스는 낯선 노파를 친절하게 대접했습니다.

데메테르는 자신을 환대한 보답으로 왕의 어린 아들에게 특별한 선물을 주기로 했습니다. 켈레오스 왕과 왕비 메타네이라는 두 아들 데모폰과 트리프톨레모스를 데메테르에게 돌봐달라고 부탁했습니다.

데메테르는 어린 데모폰을 안아 들고, 밤마다 은밀한 의식을 치렀습니다. 여신은 아기에게 신들의 음식인 암브로시아를 바르고 따뜻한 숨결을 불어 넣고는 가슴에 안았습니다. 가장 놀라운 일은 깊은 밤, 가족들이 모두 잠든 사이에 벌어졌습니다. 데메테르는 조용히 난로의 불길 속에 아기를 놓았습니다. 불길이 아기를 감쌌지만 아기는 타지 않았습니다. 오히려 날이 갈수록 아기는 눈에 띄게 성장했고, 신처럼 빛났습니다. 여신은 이 신성한 불로 아기의 필멸의 운명을 태워내어 그를 영원히 죽지 않는 존재, 즉 불사의 몸으로 만들려 했던 것입니다.

하지만 어느 날 밤, 왕비 메타네이라가 우연히 아기의 방을 들여다보았습니다. 그녀가 본 광경은 충격 그 자체였습니다. 사랑하는 아들이 타오르는 불길 속에 누워 있었던 것입니다.

"안 돼! 내 아들! 불 속에서 꺼내줘요!"

메타네이라의 비명이 저택 전체를 뒤흔들었습니다. 그 순간, 데메테르의 눈빛이 차갑게 변했습니다. 여신은 아기를 불 속에서 꺼내며 한숨을 내쉬었습니다. 의식이 중단된 것입니다.

"어리석은 인간이여! 그대는 무슨 짓을 한 것인가!"

데메테르의 목소리는 낮았지만 위엄이 넘쳤습니다. 이 순간, 노파의 가면이 벗겨지고 찬란한 빛이 방 안을 가득 채웠습니다. 황금빛 머리카락이 빛을 발하고, 신성한 향기가 가득 퍼졌습니다. 그제야 메타네이라는 눈앞의 노파가 여신임을 깨달았습니다.

"안타깝구나. 이 아이는 불멸의 신이 될 수 있었다. 나는 밤마다 그의 필멸의 육신을 태워 신성한 존재로 만들고 있었다. 하지만 그대가 중단시켰으니, 이제 이 아이는 다른 인간들처럼 죽음을 맞을 것이다."

메타네이라는 망연자실했습니다. 선의에서 우러나온 비명이 영생의 기회를 빼앗아버린 셈이었으니까요. 하지만 데메테르는 데모폰이 죽은 후에 영웅으로 숭배받을 수 있도록 축복을 내렸고, 엘레우시스 사람들은 그를 기리기 위해 매년 발레투스라는 제전을 열었습니다.

한편, 데메테르는 왕의 또 다른 아들이자 병약했던 트리프톨레모스에게 눈길을 돌렸습니다. 여신은 이 영특한 소년을 자신의 신성한 젖으로 치유했고, 그는 순식간에 건강한 청년으로 성장했습니다. 데모폰을 불사의 존재로 만드는 데 실패한 데메테르는 트리프톨레모스에게 인류 역사상 가장 위대한 선물을 주기로 결심합니다. 그래서 이 소년을 자신의 대리인이자 농경의 전령으로 삼았습니다.

여신은 트리프톨레모스에게 곡식 몇 줌을 주는 것에 그치지 않았습니다. 데메테르는 그에게 두 마리의 거대한 날개 달린 용^{또는 뱀}이 끄는 신비로운 전차를 선물했습니다. 용들은 구름을 가르며 전 세계 어디든 날아갈 수 있었고, 전차 안에는 데메테르가 직접 축복을 내린 황금빛 밀 씨앗이 가득 담겨 있었습니다.

"트리프톨레모스야, 이 전차를 타고 온 세상을 누비며 인간들에게 땅을 일구는 법과 씨를 뿌려 거두는 법을 가르치거라. 이제 인간은 사냥에만 의존하지 않고, 대지의 품에서 스스로 풍요를 일구어낼 것이다.”

트리프톨레모스는 전차를 타고 하늘로 솟구쳤습니다. 그는 그리스의 척박한 땅부터 머나먼 동방의 대륙까지 날아다녔습니다. 소년이 공중에서 황금 씨앗을 한 줌 뿌리면, 그 아래 대지에서는 순식간에 푸른 싹이 돋아나고 이내 고개를 숙인 밀이 황금빛 바다를 이루었습니다. 그는 씨앗만 준 것이 아니라, 나무를 깎아 쟁기를 만드는 법, 소를 길들여 밭을 가는 법, 수확한 곡식을 보관하여 추운 겨울을 나는 지혜를 가르쳤습니다.

인류는 트리프톨레모스 덕분에 비로소 정착 생활을 시작할 수 있었고, 이는 곧 거대한 문명을 일구게 했습니다. 사람들은 하늘을 가로지르는 용이 끄는 전차를 볼 때마다 데메테르의 자비에 감사하며 환호했습니다.

물론 이 성스러운 여정이 늘 환영받기만 한 것은 아니었습니다. 트리프톨레모스의 전차가 북쪽 끝에 있는 춥고 황량한 스키타이 땅에 도착했을 때, 그곳의 왕 린코스는 환대하며 그를 맞이했습니다.

“오, 위대한 전령이시여! 우리 스키타이에 온 것을 환영하오. 당신이 가져온 농업의 기술을 우리 백성에게도 가르쳐주시오.”

트리프톨레모스는 린코스의 환대를 진심으로 믿었습니다. 그는 왕궁의 신성한 제단 앞에서 자신을 소개했습니다.

"저는 아테네에서 온 트리프톨레모스입니다. 배를 타고 바다를 건넌 것도 아니고, 육지를 걸어서 온 것도 아닙니다. 하늘이 저를 위해 길을 열어주었지요. 저는 데메테르 여신의 선물을 가져왔습니다. 이 씨앗을 넓은 들판에 뿌리면, 풍성한 수확과 익어가는 곡식을 거둘 수 있을 것입니다."

며칠 동안 트리프톨레모스는 스키타이 사람들에게 농사법을 가르쳤습니다. 땅을 가는 법, 씨를 뿌리는 법, 물을 대는 법 등등. 스키타이의 황량한 대지에서도 푸른 싹이 돋아났고, 사람들은 환호했습니다. 하지만 린코스 왕의 마음속에는 점점 어둠의 감정이 자라나고 있었습니다. 질투였습니다.

'이 젊은이가 내 땅에서 신처럼 숭배받고 있다. 백성들은 나보다 그를 더 존경하는구나. 만약 내가 이 기술의 진정한 주인이 된다면? 만약 트리프톨레모스가 사라지고 내가 농업을 발견한 위대한 왕으로 역사에 기록된다면?'

린코스는 마침내 사악한 계획을 실행하기로 마음을 굳혔습니다. 어느 깊은 밤, 긴 여행에 지친 트리프톨레모스는 왕궁의 객실에서 깊은 잠에 빠졌습니다. 용들도 마구간에서 쉬고 있었고, 신성한 전차는 뜰에 세워져 있었습니다. 린코스가 기다리던 순간이었습니다.

왕은 날카로운 단검을 품에 감추고 조용히 객실 문을 열었습니다. 달빛이 침대에 누운 트리프톨레모스의 얼굴을 비췄습니다.

그는 평화롭게 잠들어 있었습니다. 린코스는 천천히 다가갔습니다. 단검을 높이 치켜들었습니다. 트리프톨레모스의 가슴을 향해 칼날을 꽂으려는 찰나, 갑자기 방 안이 황금빛으로 환하게 밝아졌습니다. 데메테르가 나타난 것입니다. 여신은 항상 자신의 전령을 지켜보고 있었습니다. 그녀의 눈빛은 분노의 불길이 타올랐습니다.

"감히 내 전령에게 손을 대려 하느냐, 배신자여!"

데메테르의 손짓 한 번에 린코스의 몸이 뒤틀리기 시작했습니다. 그의 손가락에서 날카로운 발톱이 돋아났고, 온몸이 거친 털로 뒤덮였습니다. 그의 비명은 점점 짐승의 울음소리로 변했습니다. 몇 초 만에 왕의 자리에는 더 이상 인간이 없었습니다.

날카로운 발톱과 황갈색 털을 가진 스라소니 한 마리가 방 한 구석에서 벌벌 떨고 있을 뿐이었습니다. 인간의 지혜와 언어를 모두 잃어버린 채, 린코스는 네 발로 창문을 통해 도망쳐 어둠 속으로 사라졌습니다. 그는 영원히 야생에서 살아갈 운명이 되었습니다.

트리프톨레모스는 깨어나 무슨 일이 있었는지 알았습니다. 그는 여신에게 감사 인사를 올린 뒤, 다음 날 아침 다시 용이 끄는 전차를 몰고 다음 목적지로 향했습니다. 하지만 스키타이는 왕의 배신에 대한 대가로 농업의 축복을 받지 못하고 오랫동안 황량한 땅으로 남아야 했습니다.

전 세계에 농사법을 전파한 트리프톨레모스는 고향 엘레우시스로 돌아와 데메테르를 위한 거대한 성소를 지었습니다. 이곳에서 열린 엘레우시스 밀의密儀는 고대 그리스에서 가장 신성한 의식 중 하나가 되었습니다.

트리프톨레모스는 인간에게 문명을 가져다준 스승이자 풍요의 상징으로 영원히 기억되었습니다. 그리스 예술에서 데메테르와 페르세포네 사이에 앉아 있는 모습으로 묘사되는데, 손에는 밀 이삭을, 머리에는 화관을 쓰고, 날개 달린 용이 끄는 전차에 앉아 있습니다.

데메테르의 축복이 세상을 황금빛으로 물들이고 인간들이 풍요로운 식탁을 즐기면서, 그 풍요에 눈이 멀어 여신의 경고를 무시한 오만한 남자가 나타납니다. 트리프톨레모스가 씨앗 한 알의 소중함을 가르쳤다면, 이 남자는 신성한 숲을 짓밟은 대가로 결코 채워질 수 없는 지옥 같은 허기에 직면하게 됩니다. 데메테르의 저주를 받아 자기 자신의 살점까지 뜯어먹어야 했던 비극적인 왕, 멈추지 않는 허기가 불러온 소름 끼치는 파멸의 이야기를 들려드리겠습니다.

멈추지 않는 허기에 시달린 에리식톤

데메테르의 자비로 대지에 곡식이 넘쳐나자, 인간들 사이에서는 감사를 잊고 신의 영역을 경시하는 오만함이 독버섯처럼 피어났습니다. 테살리아의 왕 에리식톤은 그 오만함의 정점에 선 인물이었습니다. 그는 자신의 권력이 자연의 섭리보다 우위에 있다고 믿었고, 그 불경함은 결국 데메테르가 가장 아끼는 신성한 숲에 손을 대는 돌이킬 수 없는 죄악으로 치달았습니다.

에리식톤의 궁전 근처에는 수 세기 동안 데메테르에게 봉헌된 유서 깊은 숲이 있었습니다. 그 숲의 중심에는 하늘을 찌를 듯 솟아오른 거대한 참나무 한 그루가 자리 잡고 있었습니다. 그 나무는 너무나 거대하여 숲 전체를 덮는 지붕 같았고, 두꺼운 껍질에는 숲의 요정 드리아데스들이 축제를 벌이며 걸어둔 시들지 않는 화관들로 가득했습니다.

에리식톤은 연회장을 확장하기 위해 이 신성한 나무를 베어버리기로 결심합니다. 신하들이 신의 분노가 두려워 차마 도끼를 들지 못하자, 그는 광기 어린 눈으로 직접 도끼를 휘둘렀습니다. 날카로운 도끼날이 나무둥치를 파고드는 순간, 경악할 만한 일이 벌어졌습니다. 나무껍질에서 수액 대신 뜨거운 붉은 피가 솟구쳐 나왔고, 나무 전체가 고통에 찬 신음을 내뱉은 것입니다. 한 충직한 신하가 그를 말리려 했으나 에리식톤은 그 신하의 목마저 베어버리고 나무를 쓰러뜨렸습니다. 나무와 생명을 공유하던 요정은 죽기 전 마지막 숨을 몰아쉬며 데메테르에게 복수를 요청하는 기도를 올렸습니다.

사랑하는 나무와 딸 같은 요정을 잃은 데메테르는 격노했습니다. 하지만 풍요의 여신인 그녀는 결코 불모와 결핍의 존재와 직접 마주할 수 없었습니다. 대신 그녀는 얼음처럼 차갑고 메마른 땅의 끝, 불타는 황야에 사는 허기의 여신 리모스를 불렀습니다. 한밤중에 리모스는 안개처럼 에리식톤의 침실로 스며들었습니다. 뼈만 앙상하게 남은 손가락, 깊게 팬 눈동자를 가진 리모스는 깊이 잠든 에리식톤의 입술에 메마른 입술을 맞추었습니다. 그녀는 에리식톤의 폐부에 영원히 채워지지 않는 지옥의 갈망을 불어넣고는 차가운 바람과 함께 사라졌습니다. 그 순간부터 에리식톤의 삶은 끝없는 식욕에 침식당하기 시작했습니다.

○─ 〈자신의 딸인 메스트라를 파는 에리식톤〉 (1650~1660), 얀 스틴(Jan Steen

풍요의 여신 데메테르의 분노를 사는 바람에 끝없는 허기에 시달리는 저주를 받은 에리
식톤은 모든 걸 먹어치웠다. 남은 건 딸 메스트라뿐이었는데, 음식을 사기 위해 돈을 받
고 딸을 파는 장면이다. 도망쳐 돌아온 딸을 몇 번이고 다시 파는 아버지에게서 고개를
돌린 메스트라의 표정이 절망적이다.

잠에서 깨어난 에리식톤은 생전 처음 느껴보는 허기를 느꼈습니다. 그는 즉시 왕국의 모든 요리사를 불러 진수성찬을 차리게 했습니다. 산해진미가 산처럼 쌓였지만, 음식을 목구멍으로 넘기는 찰나 이미 뱃속의 온기는 마법처럼 사라졌고 더 큰 허기가 창자를 쥐어짰습니다. 그는 소 한 마리를 통째로 뜯어먹고도 "겨우 입가심에 불과하다!"라며 비명을 질렀습니다.

에리식톤은 오직 먹기 위해 살았습니다. 왕국의 창고는 순식간에 비었고, 성안의 모든 가축과 곡식이 그의 입속으로 사라졌습니다. 그러나 먹으면 먹을수록 그의 몸은 해골처럼 수척해졌습니다. 허기의 여신이 그의 혈관에 도사리며 모든 영양분을 태워버렸기 때문입니다. 왕국은 파산했고, 한때 위엄 있던 왕은 이제 쓰레기 더미에서 남들이 먹다 버린 찌꺼기를 구걸하는 비참한 몰골로 전락했습니다.

그에게는 변신 능력이 있는 효성 지극한 딸 메스트라가 있었습니다. 에리식톤은 음식을 사기 위해 딸을 시장에 노예로 팔아치웠으나, 딸은 바다의 신에게 받은 능력으로 다른 짐승으로 변신해 도망쳐 돌아오곤 했습니다. 그러면 아버지는 다시 딸을 잡아다 팔아넘기는 인면수심의 행태를 반복하며 연명했습니다.

하지만 그런 희생도 끝이 있었습니다. 세상 그 무엇으로도 허기를 잠재울 수 없어 광기에 휩싸인 에리식톤은 결국 가장 끔찍한 선택을 하고 맙니다. 그는 자신의 팔을 물어뜯기 시작한 것입니다. 극심한 허기 속에서 그는 자신의 몸을 하나씩 뜯어먹었습니다. 결국 테살리아의 위대했던 왕은 오직 멈추지 않는 허기라는 감각만을 남긴 채, 자기 자신을 모두 먹어치우며 흔적도 없이 사라져버렸습니다.

에리식톤의 이야기는 인간의 탐욕이 자연과 신의 영역을 침범했을 때 마주할 가장 극단적인 파멸을 경고합니다. 데메테르의 잔혹한 저주가 끝나고 대지가 다시 평온해지면서, 하늘에서는 또 다른 신성한 생명이 탄생할 참이었습니다. 하지만 그 탄생의 과정 역시 평탄치 않은 전쟁과 시련을 예고하고 있었습니다.

레토의 험난한 출산 여정

티탄 신족의 딸이자 온화한 성품을 지닌 레토는 제우스의 사랑을 받아 장차 올림포스를 밝힐 쌍둥이를 임신했습니다. 그러나 이 소식은 신들의 여왕 헤라에게는 씻을 수 없는 모욕이었습니다. 헤라는 레토가 발을 붙일 지상의 공간을 조금도 허락하지 않기로 결심하고는, 대지 전체에 서슬 퍼런 금기를 정했습니다.

"햇살이 닿는 그 어떤 대지도 레토에게 해산의 자리를 내어주지 말라. 나의 명을 어기고 그녀를 품는 땅은 영원한 저주를 받으리라."

헤라의 저주는 물리적인 제약에 그치지 않았습니다. 그녀는 대지의 심장에서 솟아난 거대한 독사 피톤을 풀어 레토를 쫓게 했습니다. 만삭의 몸으로 숨을 헐떡이며 도망치는 레토의 뒤에서 피톤의 비늘이 스치는 소리가 들려올 때마다 세상은 그녀를 외면 했습니다.

레토가 도시의 문을 두드리면 시민들은 헤라의 보복이 두려워 빗장을 걸어 잠갔고, 아름다운 섬들은 그녀가 배를 대려 하면 파 도를 일으켜 밀어냈습니다. 만물의 어머니인 대지조차 헤라의 기 세에 눌려 레토에게 단 한 뼘의 안식처도 내주지 않아, 레토는 처 절하고 고독하게 방랑해야 했습니다.

방랑이 길어지며 레토의 목은 갈증으로 타들어 갔습니다. 뜨 거운 태양 아래 입술이 갈라진 채 헤매던 그녀는 마침내 리키아 의 어느 평화로운 연못가에 도달했습니다. 맑은 물결을 본 레토 가 떨리는 손을 뻗어 한 모금의 생명수를 마시려던 찰나, 근처에 서 풀을 베던 농부들이 달려와 그녀를 가로막았습니다.

"이 물은 헤라 여신님의 소유나 다름없소. 당신 같은 이에게 줄 물은 없소!"

그들은 물을 거절하는 데 그치지 않고, 연못 속으로 뛰어 들어 가 발로 흙탕물을 일으키며 맑은 샘을 진흙탕으로 만들어버렸습 니다. 목마른 레토의 간절한 애원에도 농부들은 조롱 섞인 웃음 을 터뜨렸습니다. 그 순간, 온화했던 레토의 눈빛이 서늘한 신성 神性으로 번뜩였습니다.

"너희는 갈증에 죽어가는 자를 비웃고 대지의 자애를 더럽혔 다. 그러니 너희가 그토록 사랑하는 진흙 속에서 영원히 살게 되리라.”

레토의 목소리가 떨어지기 무섭게 농부들의 몸은 축축하게 젖어들며 쪼그라들었습니다. 그들의 다리는 짧아지고 피부는 울퉁불퉁한 초록색으로 변했으며, 인간의 언어 대신 “개굴개굴” 하는 괴상한 울음소리가 터져 나왔습니다. 인간의 존엄을 버린 자들은 영원히 늪지에서 사는 개구리의 기원이 되었습니다.

절망의 끝에서 레토가 발견한 마지막 희망은 바다 위를 정처 없이 떠다니던 작은 바위섬 델로스였습니다. 당시 델로스는 고정되지 않은 채 파도에 휩쓸려 다니는 땅이었기에, 헤라가 말한 대지의 저주에서 유일하게 자유로운 곳이었습니다. 레토는 간곡히 부탁하며 약속했습니다.

“네가 몸을 풀 산실이 되어준다면, 내 아들이 이곳에 가장 찬란한 신전을 지어 너를 세상에서 가장 영광스러운 성소로 만들어 주리라.”

정처 없이 떠돌며 홀대받던 불모의 섬 델로스는 이 제안을 기꺼이 받아들였습니다. 이에 포세이돈은 형제의 연인을 가엽게 여겨서 삼지창으로 고정해 섬을 멈춰 세웠고, 높은 파도로 섬 주위를 감싸 헤라의 감시를 차단했습니다.

드디어 산통이 시작되었으나, 헤라는 출산의 여신 에일레이티이아를 구속하여 해산을 방해했습니다. 아홉 낮과 밤 동안 레토는 섬의 종려나무를 붙잡고 처절한 진통을 견뎌냈습니다. 보다 못한 여신들이 무지개의 전령 이리스를 보내 헤라 몰래 에일레이티아를 델로스로 데려왔습니다.

마침내 첫째인 달의 여신 아르테미스가 태어났습니다. 놀랍게도 갓 태어난 아르테미스는 신성을 발휘하여 어머니의 손을 잡고 동생 아폴론의 탄생을 도왔습니다. 태양과 달 남매가 세상을 비춘 순간, 황량했던 바위섬 델로스는 온통 황금빛 꽃으로 뒤덮였고 바닷새들이 구름처럼 모여들어 천상의 찬가를 불렀습니다.

레토의 설움과 눈물은 올림포스에서 가장 강력한 권능을 지닌 남매의 탄생으로 보상받았습니다. 훗날 장성한 아폴론은 어머니를 추격했던 피톤을 화살로 꿰뚫고, 그녀를 비웃었던 니오베의 자식들에게 화살을 내려 어머니의 명예를 지킵니다.

인고의 끝에 태어난 아폴론은 올림포스에서 가장 아름답고 다재다능한 신으로 성장합니다. 그는 태양의 수레를 몰며 세상의 어둠을 밝히고, 예술과 예언의 주인이 되어 인간들에게 문명의 빛을 선사합니다. 하지만 그 눈부신 광휘 뒤에는 신조차 피할 수 없었던 비극적인 사랑과 치명적인 오만함이 따르고 있었습니다.

빛과 음악의 신, 아폴론

아폴론은 제우스와 여신 레토 사이에서 태어난 아들로, 달의 여신 아르테미스와 쌍둥이 남매입니다. 그는 태양과 빛을 상징하며 음악과 시, 궁술과 의술, 그리고 미래를 꿰뚫는 예언을 관장하는 올림포스의 가장 찬란한 신입니다. 레토의 처절한 산고 끝에 델로스섬의 종려나무 아래서 태어난 아폴론은 태어난 지 며칠 만에 신성한 음식인 암브로시아와 넥타르를 먹고 눈부신 신으로 성장했습니다. 그는 첫발을 떼는 순간 "리라와 굽은 활은 나의 것이 될 것이며, 나는 인간들에게 제우스의 변치 않는 뜻을 전하리라"라고 선포했습니다. 이 선언대로 아폴론은 올림포스에서 가장 다재다능하면서도 가장 두려운 권능을 가진 신이 되었습니다.

아폴론은 흔히 태양신으로 불리지만, 그의 본질은 불덩어리를 넘어선 광명 그 자체입니다. 그는 물리적인 빛뿐만 아니라, 무지를 몰아내고 인간의 정신을 깨우는 이성의 빛을 상징합니다. 그는 미래를 꿰뚫어 보는 예언의 권능을 가졌으며, 델포이에 자신의 성소를 세워 인간들에게 신탁을 내렸습니다.

"너 자신을 알라"라는 유명한 문구가 새겨진 델포이 신전은 고대인들에게 우주의 질서를 묻는 가장 성스러운 장소였습니다. 하지만 그의 예언은 명확하지 않았습니다. 그는 인간의 오만을 시험하듯 수수께끼 같은 말을 던졌고, 인간들은 그 진의를 파악하기 위해 고뇌해야 했습니다. 이는 아폴론이 다스리는 '이성'이 결코 쉬운 길이 아니며, 끊임없는 사유와 절제가 필요함을 의미했습니다.

아폴론이 어깨에 메고 다니는 은빛 활은 자비로운 도구인 동시에 잔혹한 무기였습니다. 그는 멀리서 화살을 쏘아 목표를 정확히 꿰뚫는 놀라운 궁술을 뽐냈습니다. 그가 쏜 화살은 때로는 무서운 전염병이 되어 신을 모욕한 도시를 초토화시키기도 했습니다. 트로이전쟁 당시 그리스 진영을 덮쳤던 역병은 아폴론의 분노가 깃든 화살촉에서 시작된 것이었습니다.

역설적이게도 그는 치유의 신이기도 했습니다. "병을 주는 자가 병을 고칠 수도 있다"는 신화적 논리에 따라, 그는 의술의 시조가 되었습니다. 그의 아들 아스클레피오스는 죽은 자조차 살려내는 의술의 달인이 되었습니다. 이처럼 아폴론은 생사와 질병,

파괴와 재생을 손안에 쥐고 다스리는 엄격하고도 정교한 통치자였습니다.

전쟁과 심판의 시간이 끝나면 아폴론은 황금 리라를 집어 들었습니다. 그가 선율을 타기 시작하면 올림포스의 모든 소음이 잦아들고, 신들은 신성한 황홀경에 빠졌습니다. 그는 학문과 예술을 관장하는 아홉 명의 여신 뮤즈를 이끄는 지도자였습니다. 아폴론의 음악은 디오니소스의 광기 어린 음악과는 결이 달랐습니다. 선율은 수학적으로 완벽한 조화를 이뤘고, 인간의 영혼을 정화하는 고결한 소리였습니다. 오늘날까지도 서구 문명에서 아폴론적apollonian이라는 말은 이성, 절제, 조화를 갖춘 미의 극치를 상징하는 형용사가 되었습니다.

제우스는 수많은 자식 중 아폴론을 가장 신뢰하고 아꼈습니다. 아폴론은 아버지의 뜻을 거스르지 않으면서도 올림포스의 질서를 유지하는 집행관 역할을 충실히 수행했습니다. 그는 차갑고 도도하며 때로는 오만해 보일 정도로 완벽했지만, 그 완벽함이야말로 거친 티탄들을 몰아내고 세운 올림포스 체제의 자부심이기도 했습니다.

하지만 이토록 결점 없는 아폴론에게도 치명적인 약점이 있었으니, 바로 '사랑'이었습니다. 이성으로는 결코 통제할 수 없는 뜨거운 감정 앞에서 광명의 신도 때로는 눈이 멀었습니다. 자신의 활 솜씨를 뽐내다 꼬마 신 에로스의 화살을 무시한 대가는 신조차 감당하기 힘든 가혹한 짝사랑의 비극으로 돌아왔습니다.

아폴론의 빛이 세상을 밝히고 있을 때, 한 소년이 눈부신 태양의 수레를 직접 몰아보고 싶다는 무모한 욕망에 사로잡힙니다. 자신이 태양신의 혈통임을 증명하려 했던 소년 파에톤의 오만이 어떻게 전 세계를 불바다로 만들고 비극적인 종말을 맞이했는지, 그 뜨거운 현장으로 가보겠습니다.

태양 마차를 몰고 싶었던 무모한 소년, 파에톤

태양의 신 헬리오스이 매일 아침 네 마리의 불을 뿜는 말이 끄는 황금 전차를 타고 동쪽 지평선에서 솟아오를 때, 지상의 인간들은 경외심을 담아 그 눈부신 빛을 찬양했습니다. 하지만 그 광경을 보며 자부심이 아니라 가슴을 찌르는 열등감과 고통스러운 갈증을 느끼는 소년이 있었습니다. 바로 태양신의 아들이자 반신반인인 파에톤이었습니다.

파에톤은 친구들에게 자신의 아버지가 위대한 태양신이라고 자랑했지만, 친구들은 비웃으며 그를 조롱했습니다.

"신을 아버지라 부르다니, 미쳤구나. 그 증거를 대봐!"

깊은 상처를 입은 파에톤은 어머니 클리메네를 졸랐고, 마침내 세상의 동쪽 끝, 인간의 발길이 닿지 않는 태양의 궁전으로 향했습니다. 눈이 멀 정도로 찬란한 금과 상아, 보석으로 장식된 궁전의 옥좌에서 아버지는 아들을 반갑게 맞이했습니다. 아버지는 아들의 고통을 위로하며 굳게 약속했습니다.

"너는 분명 나의 핏줄이다. 다른 이가 의심할 수 없게 해주마. 네가 원하는 것은 무엇이든 들어주겠다. 신들이 어길 수 없는 절대적 맹세인 스틱스강의 이름을 걸고 약속하마."

파에톤은 기다렸다는 듯이 가슴속에 품어온 무모한 소원을 뱉었습니다.

"아버지, 단 하루만 태양의 마차를 몰 수 있게 허락해주세요. 제가 전차를 타고 하늘을 가로지르는 것을 본다면, 온 세상이 제가 당신의 아들임을 인정할 수밖에 없을 것입니다."

태양신은 안색이 창백해졌습니다. 스틱스강의 맹세는 신들의 왕 제우스조차 거둘 수 없는 무게를 지녔기 때문입니다. 그는 아들의 어깨를 잡고 간곡히 애원했습니다.

"아들아, 그것은 신의 육체로도 감당하기 힘든 일이다. 길은 깎아지른 절벽처럼 가파르고, 하늘의 전갈과 사자 같은 별자리 괴물들이 너를 공격할 것이다. 무엇보다 불을 뿜는 네 마리의 말들은 내 손에서도 날뛰곤 한단다. 제발 다른 것을 청해라!"

하지만 오만과 갈망에 눈이 먼 파에톤은 고집을 꺾지 않았습니다. 결국 아폴론은 눈물을 흘리며 아들에게 황금 고삐를 넘겨주었습니다. 아들의 얼굴에 태양의 열기를 견딜 수 있는 신성한 연고를 발라주며, "너무 높이 올라가 하늘을 태우지도, 너무 낮게 내려가 땅을 태우지도 말라. 오직 중간 길로만 가라"라고 당부하고 또 당부했습니다.

새벽의 여신 에오스가 장밋빛 문을 열자, 파에톤은 전차에 올라탔습니다. 그러나 전차에 실린 무게가 평소보다 가볍다는 것을 눈치챈 말들은 주인의 통제가 사라졌음을 직감했습니다. 불의 말들은 날카로운 울음소리를 내지르며 궤도를 이탈해 폭주하기 시작했습니다. 소년의 가냘픈 팔로는 미쳐 날뛰는 말들의 목 근육을 제어할 수 없었습니다.

마차가 너무 높이 치솟자 밤하늘의 전갈자리가 독침을 세워 위협했고, 겁에 질린 파에톤이 고삐를 놓치자 전차는 땅으로 곤두박질쳤습니다. 지상은 순식간에 지옥으로 변했습니다. 거대한 산맥들이 활활 타올랐고, 도시는 잿더미가 되었습니다. 아프리카의 울창했던 숲은 하룻밤 새 사막이 되었습니다. 그리고 사람들의 피부는 뜨거운 열기에 검게 그을렸는데, 이것이 바로 에티오피아인의 기원에 관한 전설입니다. 바다의 신 포세이돈조차 끓어오르는 물의 열기를 견디지 못하고 심해로 숨어버렸습니다.

대지의 어머니 가이아가 타들어 가는 가슴을 움켜쥐고 제우스에게 절규했습니다.

"위대한 지배자여, 이대로 두면 우주 전체가 다시 카오스의 혼돈으로 돌아갈 것이다!"

○─ 〈파에톤의 추락〉 (1604〜1605). 페테르 파울 루벤스

태양신 헬리오스를 아버지로 두었다는 증거로 태양의 마차를 몰게 해달라는 무모한 소원을 부탁한 파에톤. 파에톤이 태양 마차를 몰다가 통제력을 잃고 제우스의 벼락을 맞아 추락하는 순간을 극적으로 묘사하고 있다.

제우스는 비통한 심정으로 가장 강력한 번개를 내던졌습니다. 번개에 맞은 전차는 산산조각이 났고, 파에톤은 머리에 불이 붙은 채 유성처럼 떨어져 에리다누스 강물에 처박혔습니다. 파에톤의 누이들은 강가에서 오빠의 이름을 부르며 통곡하다 포플러나무가 되었고, 그녀들이 흘린 눈물은 강물에 굳어져 눈부신 보석인 호박이 되었습니다. 태양신은 자식을 잃은 슬픔에 잠겨 하루 동안 빛을 내지 않았고, 세상은 오직 지상에서 타오르는 불길에 의지해 어둠을 견뎌야 했습니다.

파에톤이 무모한 도전으로 목숨을 잃었을 때, 올림포스에서는 또 다른 형태의 오만이 싹트고 있었습니다. 파에톤이 아버지의 권능에 도전했다면, 이번에는 목동이 신의 예술적 재능에 도전했습니다. 아폴론의 신성한 리라에 감히 피리로 맞섰던 마르시아스의 무모함은 어떤 끔찍한 결과를 초래했을까요?

아폴론과 대결을 펼친 마르시아스

아폴론의 황금 리라는 올림포스의 조화와 질서를 상징하는 성스러운 악기였습니다. 그러나 지상의 깊은 숲속에서 완벽한 조화에 균열을 내는 기묘한 악기가 등장합니다. 그것은 지혜의 여신 아테나가 사슴의 뼈로 직접 만들었다가, 연주할 때 볼이 흉측하게 부풀어 오른다는 요정들의 비웃음에 분노하여 내던져버린 더블 플루트 아울로스였습니다. 이 버려진 악기를 사티로스인 마르시아스가 주웠습니다.

마르시아스는 타고난 천재성으로 아울로스를 독학했습니다. 그가 구멍을 막고 숨을 불어넣을 때마다 흐르는 소리는 때로는 바람의 은밀한 속삭임 같았고, 때로는 시냇물의 청량한 웃음소리 같았습니다. 숲의 요정들과 동료 사티로스들은 그의 연주에 취해

일손을 놓고 춤을 추었으며, 급기야 세상 사람들은 "아폴론의 차가운 리라 소리보다 마르시아스의 뜨거운 피리 소리가 훨씬 훌륭하다!"라며 찬사를 보내기 시작했습니다.

이 발칙한 소문은 머지않아 광명의 신 아폴론의 귀에 들어갔습니다. 신성한 영역인 음악에서 미천한 반인반수 사티로스와 비교 대상이 되었다는 사실만으로도 아폴론은 엄청난 모욕감을 느꼈습니다. 아폴론은 화려한 광채를 띠며 지상으로 내려와 마르시아스에게 무서운 제안을 건넸습니다.

"나와 음악으로 승부를 겨루자. 이긴 자는 패자에게 어떤 벌이든 마음대로 내릴 수 있다는 조건을 걸고 말이다."

심판은 학문과 예술의 여신들인 뮤즈들이 보기로 했습니다. 첫 번째 대결에서 마르시아스의 피리는 환상적이었습니다. 뮤즈들조차 서정적이고 감성적인 선율에 가슴이 떨릴 정도였죠. 반면 아폴론의 리라는 장엄하고 수학적으로 완벽했습니다. 결과는 막상막하여서, 뮤즈들은 승부를 쉽게 가릴 수 없었습니다.

평정을 잃은 아폴론은 신다운 위엄 대신 교활한 조건을 추가했습니다.

"악기를 거꾸로 들고 연주하면서 동시에 노래를 불러보자."

리라를 켜며 감미로운 목소리로 노래할 수 있었던 아폴론과 달리, 입으로 불어야 하는 피리 연주자에게 노래를 부르는 것은 불가능한 일이었습니다. 마르시아스가 당황하며 멈춰 선 사이, 아폴론이 승리했습니다.

승리한 아폴론의 눈은 차가운 광기로 번뜩였습니다. 그는 마르시아스를 거대한 소나무에 거꾸로 매달았습니다. 그리고 신의 권능에 도전한 오만함을 벌한다는 명목으로, 살아 있는 마르시아스의 살가죽을 머리부터 발끝까지 통째로 벗겨냈습니다.

"아아, 피리 하나 때문에 왜 이런 고통을 받아야 합니까!"

마르시아스의 처절한 비명이 숲 전체를 뒤흔들었습니다. 붉은 근육과 파르르 떨리는 핏줄을 고스란히 드러낸 채 그는 고통 속에 숨을 거두었습니다. 그의 죽음을 슬퍼한 친구 사티로스들과 요정들이 흘린 눈물, 그리고 마르시아스의 몸에서 쏟아진 붉은 피가 합쳐져 강이 되었는데, 훗날 사람들은 이 강을 마르시아스 강이라 불렀습니다.

이 잔혹한 대결을 지켜본 또 다른 사람이 있었습니다. 바로 미다스 왕이었습니다. 그는 모두 아폴론의 눈치를 보며 신의 승리를 찬양할 때, 홀로 마르시아스의 편을 들었습니다. 이에 분노한 아폴론은 "음악을 모르는 네 귀는 인간의 귀일 자격이 없다"라며 미다스의 귀를 당나귀 귀로 만들어버렸습니다. 이것이 잘 알려진 '임금님 귀는 당나귀 귀' 전설입니다.

마르시아스의 비극은 인간의 재능이 아무리 뛰어나도 신의 절대적 권위 앞에서는 겸손해야 한다는 잔혹한 경고장이었습니다. 하지만 아폴론의 은빛 화살은 숲속의 사티로스만 겨냥한 것이 아

○─ 〈살가죽이 벗겨지는 마르시아스〉 (1570~1576), 티치아노 베첼리오

왼쪽 아래에 칼을 들고 가죽을 벗기는 것이 월계관을 쓴 아폴론이고, 가운데에 거꾸로 매달려 살이 벗겨지는 것이 마르시아스다. 왼쪽에서 악기를 연주하는 인물은 마르시아스가 벌을 받는 이유를 알려주는 장치다. 오른편에서 양동이를 든 채 형벌을 받는 모습을 바라보는 사티로스가 있다. 화면 앞에 작은 강아지가 마르시아스의 몸에서 흘러내린 피를 핥아먹는 모습은 잔혹함을 강조한다.

니었습니다. 일곱 아들과 일곱 딸을 둔 어머니로서 자신의 다복함을 자랑하며 어머니 레토를 모욕했던 한 여왕도 처벌받았습니다. 아폴론과 아르테미스라는 두 쌍둥이 신의 무시무시한 화살비가 쏟아진 니오베의 비극은 어떤 결말을 맞이했을까요?

레토의 분노를 산 니오베

테베의 여왕 니오베는 세상 그 누구도 부럽지 않은 여인이었습니다. 그녀는 리디아의 부유한 왕 탄탈로스의 딸이자 테베를 세운 암피온의 아내였으며, 무엇보다 눈부시게 아름답고 늠름한 일곱 아들과 일곱 딸을 두었습니다. 하지만 그녀가 누린 넘치는 축복은 곧 독이 되었습니다. 자신의 다복함이 올림포스의 신들보다 우월하다는 위험한 착각에 빠졌기 때문입니다.

어느 날, 테베의 여인들이 아폴론과 아르테미스의 어머니인 레토를 기리며 경건하게 제물을 바치고 있을 때였습니다. 화려한 황금 예복을 입고 나타난 니오베는 여인들을 조롱하며 큰 소리로 외쳤습니다.

"너희는 왜 보이지도 않는 신에게 머리를 숙이지? 나를 보라!

내 가문은 찬란하고, 내 곁에는 신만큼이나 늠름한 열네 명의 자식이 있다. 레토는 자식이 고작 둘뿐인데 온 세상을 떠돌며 비참하게 아이를 낳지 않았는가? 내가 가진 행복은 신조차 시기할 만큼 크니, 이제 신 대신 나를 숭배하라!"

이 오만한 외침은 델로스섬에서 쉬고 있던 레토의 귀에 비수처럼 꽂혔습니다. 모욕감을 느낀 레토는 즉시 쌍둥이 자녀를 불러 명령했습니다.

"나의 자랑인 아들과 딸아, 저 여인이 나를 비웃고 너희에게 모욕을 주는구나. 그 죄를 엄히 물어라."

레토의 말이 채 끝나기도 전에 아폴론과 아르테미스는 구름에 몸을 숨기고 테베의 성벽으로 날아갔습니다. 먼저 아폴론이 테베의 들판에서 말을 타며 무예를 닦던 일곱 아들을 겨냥했습니다. 쉬이익, 픽! 보이지 않는 곳에서 날아온 화살은 조금의 오차도 없었습니다. 첫째 아들이 말에서 떨어졌고, 뒤이어 둘째와 셋째가 차례로 쓰러졌습니다. 그들은 왜 죽는지조차 알지 못한 채 심장을 꿰뚫렸습니다. 마지막 아들이 하늘을 향해 살려달라 애원했지만, 이미 활시위를 떠난 아폴론의 화살은 멈추지 않았습니다. 자식들의 처참한 죽음을 본 아버지 암피온은 절망을 이기지 못하고 스스로 목숨을 끊었습니다.

졸지에 사랑하는 자식들과 남편을 잃고도 니오베의 오만은 멈추지 않았습니다. 시신이 즐비한 벌판에서 그녀는 하늘을 향해 광기 어린 소리를 질렀습니다.

"잔인한 신들이여! 내 아들들과 남편을 데려갔지만, 나에게는 아직 일곱 명의 아름다운 딸들이 남아 있다. 나는 여전히 레토보다 많은 것을 가진 승리자다!"

그 오만한 말이 채 끝나기도 전, 이번에는 아르테미스의 차가운 화살이 허공을 갈랐습니다. 아버지의 시신을 붙잡고 통곡하던 딸들이 하나씩 차가운 땅바닥에 고꾸라졌습니다. 마지막 막내딸이 공포에 질려 어머니의 치맛자락 속으로 기어들었을 때야 니오베는 비로소 온몸을 휘감는 공포를 느꼈습니다.

"제발, 이 아이만은 살려주소서! 이 아이가 마지막 전부입니다!"

그러나 분노한 신에게 자비란 없었습니다. 아르테미스의 화살은 어머니의 품속에 숨어 떠는 어린아이의 심장마저 정확히 관통했습니다.

단 몇 분 만에 남편과 열네 명의 자식을 모두 잃은 니오베는 거리에 홀로 남겨졌습니다. 그녀는 너무나 큰 충격과 슬픔에 통곡조차 하지 못했습니다. 그녀의 몸은 점차 딱딱하게 굳어갔습니다. 혀는 입천장에 붙어 움직이지 않았고, 핏기는 사라졌으며, 눈동자는 생기를 잃었습니다. 그녀는 산 채로 거대한 바위가 되어버렸습니다.

제우스는 이 비극적인 여인을 가엾게 여겨 그녀를 고향인 리디

○─ 〈니오베의 아이들을 공격하는 아폴론과 아르테미스〉 (1772),
자크루이 다비드(Jacques-Louis David)

니오베는 레토의 자식은 둘뿐이지만 자신은 일곱이나 되는 훌륭한 자식을 두었다며 오만하게 굴었다. 이에 분노한 레토는 아폴론과 아르테미스 남매에게 니오베를 처벌하도록 명령했다. 결국 니오베는 남편과 여섯 자녀를 모두 잃고 말았다. 하늘에 떠 있는 아폴론과 아르테미스가 활로 모두를 쏘아대고, 가운데 흰 옷을 입고 서서 간청하듯 손을 뻗은 것이 니오베다. 니오베의 옷자락에 숨은 소녀는 막내딸이다.

아의 시필로스산으로 옮겨놓았습니다. 바위가 된 후에도 니오베의 고통은 멈추지 않았습니다. 오늘날까지도 그 바위틈으로 끊임없이 물이 흘러나오는데, 사람들은 자식을 모두 잃은 어머니 니오베가 흘리는 마르지 않는 눈물이라고 부릅니다.

니오베가 오만함으로 인해 모든 것을 잃었다면, 신을 향한 순수한 사랑 때문에 스스로를 잃어버린 여인도 있습니다. 태양신의 눈부신 빛을 갈구하다 땅에 뿌리를 내리고 만 요정 클리티아의 지독한 그리움은 노란 꽃잎이 되어 오늘날까지도 오직 태양만 바라보고 있습니다.

해바라기가 된 요정, 클리티아

태양의 신 헬리오스는 그 눈부신 광휘만큼이나 수많은 여인과 요정의 흠모를 받았습니다. 그중에서도 오케아노스의 딸이자 바다의 요정인 클리티아는 태양신을 향해 지독할 정도로 깊은 사랑을 품고 있었습니다. 그녀에게 태양신은 숭배의 대상을 넘어 세계의 중심이었고, 매일 아침 전차를 타고 떠오르는 그의 모습은 하루를 버티게 하는 유일한 생명줄이었습니다.

한때 태양신 역시 클리티아의 헌신적인 사랑을 아꼈지만, 신의 마음은 정처 없이 흐르는 구름과 같아 곧 페르시아의 아름다운 공주 레우코토에를 향해 마음이 옮겨 갔습니다. 태양신은 밤마다 향기로운 연기 혹은 공주의 유모로 변신해 그녀의 방으로 숨어들어 사랑을 나누었습니다.

버림받은 클리티아의 가슴은 시커먼 질투의 불길로 타들어 갔습니다.

"그녀만 사라진다면 다시 내게 돌아오겠지."

질투에 눈이 먼 클리티아는 결국 해서는 안 될 선택을 합니다. 공주의 아버지인 오르카모스 왕에게 달려가 딸의 부정한 행실을 폭로한 것입니다. 가문의 명예를 목숨보다 중시했던 왕은 격노했고, 자신의 딸 레우코토에를 산 채로 땅속에 묻어버리라는 잔혹한 형벌을 내렸습니다.

클리티아는 연적이 사라졌으니 이제 승리했다고 믿었습니다. 하지만 결과는 참혹했습니다. 태양신은 클리티아의 잔인함과 비겁함에 진저리를 치며 그녀를 더욱 외면했습니다. 이제 그는 그녀의 곁을 지날 때 눈길조차 주지 않았고, 클리티아가 울며 매달려도 귓등으로도 듣지 않고 지나칠 뿐이었습니다.

절망한 클리티아는 그 자리에 주저앉았습니다. 그녀는 화려한 옷을 갈아입지도, 신성한 암브로시아를 먹지도, 물 한 모금도 마시지 않았습니다. 오직 차가운 새벽이슬과 자신의 짠 눈물로 연명하며, 아침에 동쪽에서 떠올라 저녁에 서쪽으로 지는 태양 마차의 궤적을 따라 고개를 돌렸습니다.

아홉 낮과 아홉 밤을 오직 태양만을 바라보며 제자리에 박힌 듯 앉아 있던 클리티아의 몸에 기이한 변화가 일어났습니다. 그녀의 하얀 다리는 가늘어지더니 대지 속으로 깊숙이 파고들어 단단한 뿌리가 되었습니다. 부드러운 살결은 초록빛 줄기로 변했고, 눈물에 젖어 있던 그녀의 얼굴은 태양의 이글거리는 불꽃을 닮은 황금빛 꽃잎에 둘러싸인 꽃이 되었습니다.

이것이 바로 해바라기의 탄생 전설입니다. 한 송이 꽃이 되고도 그녀의 영혼은 여전히 태양신을 향한 집착과 사랑을 버리지 못했습니다. 그래서 해바라기는 오늘날에도 뿌리가 땅에 묶인 채, 아침부터 저녁까지 태양의 움직임을 따라 고개를 돌리며 그 눈부신 광휘를 바라보는 것입니다.

4장

결함을 가진 신들의 좌절

전쟁과 지혜의 여신, 아테나

아테나는 제우스가 가장 아끼고 신뢰했던 딸이며, 올림포스 12신 중 가장 냉철하고 전략적인 여신입니다. 그녀는 지혜와 공예, 법과 질서, 명분 있는 전쟁을 관장합니다. 화려한 외모보다는 투구와 갑옷을 두른 무장한 모습으로 더 자주 묘사되는데, 야만적인 힘을 지혜로 다스리는 문명사회의 수호자이기도 합니다.

아테나의 탄생은 신들 중에서도 가장 기이합니다. 제우스는 첫 번째 아내인 지혜의 여신 메티스가 임신했을 때, 가이아로부터 "메티스가 낳은 아들이 장차 너의 왕좌를 빼앗을 것"이라는 예언을 듣습니다. 권력을 잃을까 두려웠던 제우스는 메티스를 통째로 삼켜버리는 극단적인 선택을 합니다.

하지만 얼마 지나지 않아 제우스는 머리가 쪼개질 듯한 극심한 두통에 시달렸습니다. 고통을 견디다 못한 그는 대장장이 신 헤파이스토스에게 도끼로 자신의 머리를 치라고 명령했습니다. 헤파이스토스가 제우스의 머리를 쪼개자, 그 안에서 눈부신 광채와 함께 이미 다 자란 아테나가 튀어나왔습니다. 그녀는 황금 갑옷을 입고 창과 방패를 든 채 완전 무장한 상태였으며, 그녀가 내지른 우렁찬 함성은 천지를 뒤흔들었습니다. 어머니의 지혜와 아버지의 무력을 고스란히 물려받은 아테나는 제우스의 가장 믿음직한 심복이 되었습니다.

아테나는 '전쟁의 여신'이라 불리지만, 그녀가 추구하는 전쟁은 아레스의 광기 어린 살육과는 근본적으로 결이 달랐습니다. 그녀는 무모한 피 흘림보다는 치밀한 전략과 전술, 대의명분을 중시했습니다. 아테나의 가슴에는 죽어가는 메두사의 얼굴이 박힌 신성한 방패 아이기스가 빛나고 있습니다. 적에게는 쳐다만 봐도 몸이 굳어 돌로 변하는 공포를 선사하고, 아군에게는 그 어떤 공격도 뚫지 못하는 절대적 보호를 상징합니다. 그녀는 페르세우스가 메두사를 처단할 때 거울 방패를 빌려주고 오디세우스가 지혜를 짜내어 귀향할 수 있도록 돕는 등, 영웅들이 난관을 헤쳐 나가도록 곁에서 냉정한 이성으로 조언하는 든든한 조력자였습니다.

아테나를 상징하는 동물은 밤의 어둠 속에서도 진실을 꿰뚫어 보는 올빼미입니다. 이는 겉모습에 현혹되지 않고 사건의 본질을 파악하는 여신의 통찰력을 의미합니다. 또한 거친 자연의 힘을 인간의 삶에 이롭게 길들이는 법을 가르쳤습니다. 포세이돈이 야생마를 만들었다면, 아테나는 그 말에 재갈을 물려 인간이 이동 수단으로 부릴 수 있게끔 도구를 발명했습니다.

특히 아테네시의 수호신 자리를 놓고 포세이돈과 경쟁했을 때, 그녀는 인간들에게 평화와 풍요, 치유의 상징인 올리브나무를 선물했습니다. 아테네 시민들은 실용적이고 평화로운 가치를 선택한 그녀를 수호신으로 모셨고, 도시의 이름을 '아테네'라 명명하며 파르테논신전을 세워 여신의 영광을 영원히 기렸습니다.

전쟁터에서 승리의 여신 니케을 이끄는 전사였지만, 성안으로 들어오면 가장 섬세한 예술가로 변신했습니다. 아테나는 길쌈, 자수, 도자기 제조와 같은 가사의 수호자였습니다. 그녀가 짠 옷감은 신들조차 감탄할 만큼 정교한 질서와 아름다움을 담고 있었습니다. 그녀에게 직조는 수공예를 넘어, 엉클어진 세상의 실타래를 지혜로 엮어 하나의 질서로 만드는 성스러운 작업이었습니다.

하지만 이 완벽한 여신의 자부심에 도전장을 내민 무모한 인간 여인이 나타납니다. 신에게만 허락된 완벽함을 자신의 실력으로 뛰어넘을 수 있다고 믿은 시골 소녀 아라크네는 지혜의 여신과 베틀 대결을 벌입니다. 그 오만이 불러온 기괴한 변신의 비극이 리디아의 작은 마을에서 일어났습니다.

거미가 된 아라크네

리디아 지방의 한 작은 마을에 아라크네라는 이름의 소녀가 살고 있었습니다. 그녀는 고귀한 신분도, 눈부신 미모를 가진 요정도 아니었지만, 그녀의 손끝에는 온 세상을 홀릴 만한 마법이 깃들어 있었습니다. 그녀가 베틀 앞에 앉아 북^{베틀에 딸린 기구의 하나}을 놀리면 마치 공중에서 비단실이 절로 춤을 추는 듯했고, 완성된 옷감 위에 수놓아진 꽃들은 금방이라도 향기를 내뿜을 것처럼 생생했습니다.

사람들은 아라크네의 솜씨를 보며 감탄을 금치 못했습니다.

"이것은 분명 지혜와 기술의 여신 아테나께서 직접 가르치신 솜씨일 거야!"

그러나 이런 칭찬은 아라크네에게 불쾌함을 주었습니다. 명성이 높아질수록 그녀의 오만함은 하늘을 찔렀습니다.

"아테나 여신이라고? 나는 그 누구에게도 배운 적이 없어. 내 기술은 오직 내가 뼈를 깎는 노력과 타고난 재능을 가지고 완성한 거야. 만약 여신께서 나와 대결하고 싶다면 언제든 응하겠어. 내가 진다면 어떤 벌이든 달게 받을 테고!"

이 발칙한 선언은 곧 올림포스의 아테나에게 전달되었습니다. 여신은 처음에는 자비로운 마음으로 기회를 주고자 했습니다. 그녀는 허름한 옷을 걸친 노파로 변신하여 지상으로 내려갔습니다. 노파는 아라크네의 곁에서 부드럽게 충고했습니다.

"애야, 인간으로서 신과 경쟁하려 하지 마라. 여신께 용서를 구한다면 자비로운 그분은 너를 용서하실 게다."

하지만 아라크네는 노파에게 독설을 내뱉으며 오히려 도전했습니다. 결국 아테나는 노파의 허물을 벗고 눈부신 신의 본모습을 드러냈습니다.

세기의 대결이 시작되었습니다. 아테나 여신은 올림포스 신들의 위엄과 신성한 질서를 수놓았습니다. 제우스의 천둥, 포세이돈의 삼지창, 오만한 인간들이 신에게 도전했다가 어떤 처참한 결말을 맞이했는지 보여주는 경고의 장면을 네 귀퉁이에 정교하게 짜 넣었습니다. 그것은 완벽한 '법과 정의'의 기록이었습니다.

반면 아라크네의 베틀 위에는 전혀 다른 풍경이 펼쳐졌습니다. 그녀는 신들의 신성함 대신 치부와 스캔들을 수놓았습니다.

황소로 변해 에우로페를 납치하는 제우스, 여인들을 유혹하기 위해 비겁하게 변신하는 신들의 위선적인 모습들을 소름 끼칠 정도로 생생하고 아름답게 그려냈습니다. 그것은 신의 권위에 정면으로 침을 뱉는 도발이었지만, 그 기술만큼은 아테나조차 흠잡을 곳이 없을 정도로 완벽했습니다.

아라크네의 작품을 확인한 아테나는 치밀어오르는 분노를 참지 못했습니다. 감히 신들을 모욕한 데다, 한낱 인간인 아라크네의 솜씨가 신과 대등할 정도로 완벽했기 때문이었습니다. 질투와 분노에 휩싸인 아테나는 아라크네의 직물을 갈기갈기 찢어버리고 그녀의 이마를 북으로 내리쳤습니다. 여신의 위엄 앞에 자존심이 짓밟힌 아라크네는 수치심을 견디지 못하고 들보에 목을 매달았습니다. 죽어가는 아라크네를 지켜보던 아테나는 죽음보다 더 가혹한 운명을 내렸습니다.

"가련한 것, 죽게 내버려두지는 않겠다. 하지만 너는 평생 공중에 매달려 실을 짜야 할 것이다. 너뿐만 아니라 네 후손들까지도!"

아테나가 마법의 약초즙을 뿌리자, 아라크네의 머리카락과 코, 귀가 사라지고 몸은 콩알만큼 작게 쪼그라들었습니다. 가냘픈 손가락은 여덟 개의 길고 가느다란 다리가 되었습니다. 그렇게 아라크네는 인류 역사상 최초의 거미가 되었습니다. 쉴 새 없이 실을 뽑아내야 하는 거미의 운명은 신의 완벽함에 도전했던

○― 〈실 잣는 여인들〉 (1656?), 디에고 벨라스케스(Diego Velázquez)

베 짜는 여인들 뒤로 에우로파의 납치를 그린 태피스트리가 벽에 걸려 있다. 베 짜기 시합을 하면서 아라크네가 짠 것이다. 그 앞에서 갑옷과 투구를 걸친 아테나가 아라크네를 응징한다. 훌륭한 길쌈 솜씨를 지녔으나 신을 모욕한 죄로 아라크네는 죽어도 죽지 못하고 거미가 되어 영원히 실을 뽑아 엮어야 하는 저주를 받았다.

인간 천재의 슬픈 결말이었습니다.

아라크네가 지혜로운 여신의 손에 의해 거미가 되었을 때, 올림포스 너머의 전쟁터에서는 이성과는 거리가 먼 거친 함성이 들려오고 있었습니다. 전략과 지혜의 아테나와는 정반대 지점에서, 오직 피의 냄새와 파괴의 쾌락만을 쫓는 폭풍 같은 신의 이야기입니다.

피의 광기와 전쟁의 신, 아레스

아테나가 냉철한 지혜와 정교한 전략을 상징한다면, 올림포스에서 가장 변덕스럽고 폭력적이며 신들에게조차 미움받았던 존재를 만날 차례입니다. 그가 전차의 바퀴를 굴리는 소리가 들려오면, 대지는 이내 유혈과 파괴의 비명으로 가득 찼습니다.

아레스는 제우스와 헤라 사이에서 태어난 아들로, 전쟁의 광기와 살육, 무분별한 폭력을 관장합니다. 그는 전쟁의 신이라는 강력한 타이틀을 가졌지만, 올림포스의 신들은 그를 잔인하고 통제 불능인 골칫덩이로 여겼습니다.

아레스의 성품은 어머니 헤라의 격렬한 분노를 그대로 물려받은 듯했습니다. 그가 구리 갑옷을 입고 전장에 나타날 때, 그의 곁에는 항상 소름 끼치는 동행자들이 그림자처럼 따랐습니다. 포보스공포는 적들의 심장을 마비시키는 극한의 두려움을 불러일으켰고, 데이모스테러는 전장을 가득 메우는 패배의 절망과 공포를 일으켰으며, 에리스불화는 병사들 사이에 독처럼 증오와 다툼이 퍼지게 했습니다. 이들이 휩쓸고 지나간 자리에 남은 것은 명예로운 승리가 아니라, 형체를 알아볼 수 없는 시체 더미와 불타버린 폐허뿐이었습니다.

아레스는 아테나처럼 승리의 명분을 따지거나 약자를 보호하지 않았습니다. 그는 오직 칼과 방패가 부딪치는 소리, 비명과 피 흘리는 냄새에서 기쁨을 느끼고 탐닉했습니다. 그는 전쟁터에서 한쪽 편을 들다가도 학살의 쾌락을 위해 순식간에 반대편으로 돌아서서 칼을 휘두르는 변덕을 부렸습니다. 이러한 잔인함 때문에 아버지 제우스조차 그를 경멸하며 차갑게 대했습니다.

"너는 올림포스에서 나에게 가장 증오스러운 존재다. 만일 내 피를 나눈 아들이 아니었다면, 벌써 너를 타르타로스 깊은 구렁에 처넣었을 거야!"

이처럼 아레스는 강력한 힘을 가졌지만 아테나의 방패에 막히거나 거인들에게 항아리에 갇히는 등 수치스러운 패배를 당하는 모습으로 자주 묘사됩니다. 이는 야만적인 폭력이 지혜와 문명의 힘을 결코 이길 수 없다는 고대 그리스인들의 가치관이 투영된 결과이기도 합니다.

이 거칠고 난폭한 신을 무릎 꿇린 유일한 것은 다름 아닌 사랑의 여신 아프로디테였습니다. 전쟁의 잔혹함이 가장 아름다운 여신의 품에서 안식을 찾은 것입니다. 대장장이 신 헤파이스토스의 아내였던 아프로디테와 아레스의 밀회는 늘 은밀했지만, 모든 것을 굽어보는 태양신 헬리오스의 눈을 피할 수는 없었습니다.

남편 헤파이스토스는 보이지 않을 만큼 정교한 청동 그물을 만들어 침대 위에 설치했습니다. 사랑에 눈이 먼 아레스와 아프로디테는 그물에 걸려 움직이지 못하자, 올림포스의 모든 신이 몰려와 벌거벗은 두 신을 구경하며 웃음거리로 삼는 치욕을 겪었습니다. 그러나 흥미롭게도 이들의 결합으로 태어난 딸이 바로 '조화'를 상징하는 하르모니아입니다. 이는 전쟁파괴과 사랑결합이라는 양극단의 에너지가 만났을 때 비로소 세상의 균형이 이루어진다는 오묘한 진리를 담고 있습니다.

그리스인들에게 아레스가 통제되지 않는 파괴적인 본능이었다면, 로마인들에게는 전혀 다른 존재였습니다. 로마인들은 그를 마르스라 부르며 로마 건국의 아버지로 존경했고, 로마의 군사적 규율과 질서, 국가를 지키는 위엄 있는 수호신으로 숭배했습니다. 한편 아레스는 우리 내면에 내재된 거친 야성과 투쟁심을 상징합니다. 문명화된 사회가 숨기고 싶어 하는 피의 본능을 신화적으로 형상화한 것입니다.

아레스의 거친 함성이 잦아든 고요한 달빛 아래, 아레스와는 또 다른 날카로운 화살을 쥔 여신이 살고 있습니다. 아레스의 화살이 파괴를 향한다면, 그녀의 화살은 자연의 순결함과 신성한 법도를 수호하기 위해 시위를 당깁니다. 숲의 주인이자 달빛의 사냥꾼인 아르테미스를 살펴봅시다.

달빛 속의 사냥꾼, 아르테미스

아르테미스는 제우스와 레토 사이에서 태어난 딸이자, 아폴론의 쌍둥이 누이입니다. 그녀는 밤하늘을 비추는 달과 사냥, 야생 동물, 영원한 순결을 관장하는 여신입니다. 올림포스의 여신들 중 가장 독립적이고 자유로운 영혼을 지녔으며, 화려한 궁전보다는 짐승들의 숨소리가 들리는 깊은 숲속을 사랑했습니다.

아르테미스는 쌍둥이인 아폴론과는 간발의 차로 앞서 세상에 나왔습니다. 어머니 레토가 헤라의 저주 때문에 아흐레 동안이나 산고를 겪으며 고통받을 때, 갓 태어난 아르테미스는 신성한 능력을 발휘하여 어머니의 해산을 돕는 조산사 역할을 해냈습니다. 이때 목격한 어머니의 처절한 고통은 어린 여신의 마음속에 깊이 새겨졌습니다. 그녀는 출산의 고통을 겪지 않겠다고, 영원히 누구에게도 속박되지 않는 처녀 신으로 남겠다고 결심했습니다.

어느 날, 올림포스의 왕좌에 앉은 제우스는 어린 딸 아르테미스를 무릎에 올려놓고 다정하게 물었습니다.

"사랑하는 딸아, 네가 원하는 선물이 무엇이냐?"

아르테미스는 주저하지 않았습니다. 그녀의 마음속에는 이미 자신이 어떤 존재가 되고 싶은지 뚜렷한 이상이 자리 잡고 있었기 때문입니다.

"아버지, 저는 영원히 순결을 지키고 싶습니다. 누구의 아내도 되지 않고, 나만의 주권을 지키며 살고 싶습니다. 저는 은빛 활과 화살을 원합니다. 아폴론의 금빛 활과 대비되는, 키클롭스가 정교하게 만든 은빛 무기를 갖고 싶습니다. 용맹하고 충직한 사냥개의 무리를 거느리며 숲을 누비고 싶습니다. 그들과 함께 야생을 달리고 사냥을 즐기고 싶습니다. 그리고 산과 숲의 지배권을 원합니다. 도시가 아닌 야생의 땅에서 나만의 법도를 세우고 싶습니다. 또한 순결한 님프들의 수행단을 원합니다. 그들이 나를 따르며 함께 사냥하고, 나의 곁에서 자유를 누리기를 바랍니다."

마지막으로 아르테미스는 눈을 반짝이며 말했습니다.

"그리고 저는 수많은 이름으로 불리고 싶습니다. 세상의 모든 장소에서 각기 다른 이름으로 숭배받으며, 어디서든 저의 존재가 빛나기를 바랍니다."

제우스는 딸의 당찬 소망을 모두 듣고는 크게 웃었습니다.

“네가 원하는 모든 것을 주겠다. 너는 올림포스의 빛나는 사냥의 여신이 될 것이다.”

그날 이후, 아르테미스는 은빛 활과 화살을 들고 숲과 산을 누비며 님프들과 사냥개들을 거느린 자유로운 여신으로 성장했습니다. 그녀의 이름은 세상 곳곳에서 불리며, 순결과 야생의 수호자로 영원히 기억되었습니다. 아르테미스는 자신의 순결과 사생활을 침범하는 행위를 결코 용서하지 않는 엄격한 신이었습니다. 숲은 그녀의 성소였고, 그곳의 정적은 여신의 신성함 그 자체였습니다.

어느 날, 젊고 유능한 사냥꾼 악타이온이 사냥에 열중하다 길을 잃고 깊은 숲속 가르가피아 골짜기까지 들어갔습니다. 그곳에는 누구의 발길도 닿지 않은 비밀스러운 동굴과 수정처럼 맑은 연못이 숨겨져 있었습니다. 불운하게도, 아르테미스와 그녀의 님프들이 사냥의 피로를 풀기 위해 옷을 벗고 목욕을 즐기고 있었습니다. 악타이온이 덤불을 헤치고 나타난 찰나, 님프들의 비명이 숲을 뒤흔들었습니다. 그들은 황급히 여신의 몸을 가리려 했으나, 다른 이들보다 머리 하나는 더 컸던 아르테미스의 눈부신 나체가 악타이온의 눈에 비쳤습니다.

모욕감과 분노로 아르테미스의 눈동자가 숲을 얼어붙게 할 만큼 차갑게 빛났습니다. 그녀는 활을 찾았으나 손에 닿지 않자, 대신 연못물을 한 움큼 떠서 악타이온의 얼굴에 뿌리며 저주를 퍼부었습니다.

"내 모습을 보았으니, 이제 떠들 수 있다면 마음껏 떠들어보아라!"

그 말이 떨어지기 무섭게 악타이온의 이마에서 딱딱한 뿔이 돋아나고, 목은 길게 늘어났으며, 온몸은 거친 털로 뒤덮인 사슴의 형상으로 변해버렸습니다. 인간의 이성과 공포를 그대로 간직한 채 짐승이 된 그는 겁에 질려 도망치기 시작했습니다. 하지만 비극은 거기서 끝나지 않았습니다. 그가 자식처럼 아끼며 길렀던 50마리의 사냥개들이 피 냄새를 맡고 달려들었습니다.

사슴으로 변한 주인을 알아보지 못한 개들은 도망치는 그를 향해 무자비하게 달려들어 살점을 갈기갈기 찢었습니다. 자신의 충직한 동료들에게 목숨을 잃어가는 순간에도 그는 비명조차 지를 수 없었습니다. 이는 자연의 신비와 여신의 순결을 함부로 엿본 대가가 얼마나 가혹하고 처절한지를 보여주는 신화적 경고였습니다.

평생 마음의 빗장을 걸어 잠그고 남자를 멀리했던 아르테미스에게도 단 한 번, 영혼의 동반자라 부를 만한 존재가 있었습니다. 바로 거구의 사냥꾼이자 바다 위를 걸을 수 있는 능력을 가진 오리온이었습니다. 두 사람은 달빛 아래 숲을 함께 누비며 사냥과 자유에 대한 이야기꽃을 피웠습니다. 차가웠던 여신의 가슴에도 오리온이라는 따뜻한 온기가 스며들기 시작했습니다.

하지만 이들의 다정한 모습을 지켜보던 아폴론은 불길한 예감에 사로잡혔습니다. 순결을 맹세한 누이가 사랑이라는 감정에 휘둘려 자신의 본분을 잊는 걸 용납할 수 없었습니다. 아폴론은 비열하고도 정교한 계략을 꾸몄죠.

어느 날, 아폴론은 바다 저 멀리 머리만 내놓고 헤엄치는 오리온을 발견했습니다. 그는 아르테미스를 불러내 그녀를 도발했습니다.

"네가 아무리 뛰어난 사냥꾼이라 한들, 저 멀리 바다 위에 떠 있는 검은 점을 맞힐 수 있겠느냐?"

자존심 강한 아르테미스는 그것이 자신이 사랑하는 오리온의 머리라는 사실은 꿈에도 모른 채 시위를 당겼습니다. 그녀의 손을 떠난 은빛 화살은 한 치의 오차도 없이 파도 너머의 표적을 명중했습니다.

다음 날 아침, 해안가로 밀려온 시신을 확인한 아르테미스는 비명을 지르며 쓰러졌습니다. 차갑게 식어버린 오리온의 이마에는 자신이 쏜 화살이 깊숙이 박혀 있었습니다. 자신의 손으로 가장 사랑한 이를 죽였다는 사실에 그녀는 며칠 밤낮을 비통하게 울부짖었습니다. 신이기에 죽을 수도 없었던 그녀는 제우스에게 간청하여 오리온을 밤하늘의 별자리로 만들었습니다.

오늘날에도 가장 밝게 빛나는 오리온자리는 아르테미스가 밤마다 그와 함께 길을 걷겠다고 하늘에 새긴 슬픈 사랑의 징표입니다. 그녀는 밤하늘을 지날 때마다 그 별자리를 비추며, 다시는 누구에게도 마음을 주지 않겠다고 다짐했습니다.

아폴론이 태양 아래 이성과 문명, 예언을 상징한다면, 아르테미스는 차가운 달빛 아래 야생의 본능과 감정, 생명을 상징합니다. 두 쌍둥이는 빛과 어둠, 도시와 숲이라는 대조를 이루며 올림포스의 균형을 맞추었습니다.

밤하늘을 가로지르는 달의 움직임은 숲을 달리는 아르테미스의 은빛 전차였고, 가느다란 초승달은 그녀가 든 활의 형상으로 여겨졌습니다. 아르테미스는 인간의 법이 닿지 않는 곳에서 생명의 질서를 지키는 엄격하고도 고결한 파수꾼이었습니다.

5장

기적과 예술을 창조하는
신들의 권능

미의 여신, 아프로디테

아프로디테는 올림포스 12신 중 아름다움과 사랑, 욕망, 풍요를 관장하는 여신입니다. 그녀는 신들 중 가장 아름답고 매혹적이며, 그녀의 존재 자체가 올림포스 신들과 인간 세계의 모든 로맨스와 갈등의 시발점입니다.

아프로디테는 다른 1세대 신들이 크로노스의 뱃속에서 태어난 것과 달리, 가장 특별하고 기이한 탄생 배경을 가지고 있습니다. 아버지 우라노스가 아들 크로노스에게 거세될 때, 우라노스의 신성한 피와 몸 조각이 바다에 떨어졌습니다. 이 신성한 재료들이 바닷속에서 하얀 거품을 일으켰고, 그 거품 속에서 아프로디테가 완전한 성인의 모습으로 태어나 키프로스섬 근처 바다에서 조개껍데기를 타고 등장했습니다. 아프로디테라는 이름은 '거품에서 태어난 자'라는 뜻을 담고 있습니다.

그녀의 아름다움은 너무나 압도적이어서, 그녀를 보는 모든 신과 인간은 순간적으로 사랑에 빠지는 마법을 경험합니다. 아프로디테의 삶은 올림포스에서 가장 화려하면서도, 가장 고통스러운 모순으로 가득 차 있었습니다. 그녀의 이야기는 사랑과 안정이라는 두 가치가 충돌할 때, 인간이 얼마나 비극적인 운명을 선택하는지 보여줍니다.

아프로디테의 탄생은 올림포스 신들에게 큰 불안감을 안겨주었습니다. 모든 남신들이 그녀의 매력에 빠져 서로 다투게 될 것이 분명했기 때문이죠. 이 갈등을 막기 위해, 제우스는 그녀를 가장 안전하다고 여겨지는 신과 강제로 결혼시켰습니다. 그는 바로 대장장이 신 헤파이스토스였습니다. 헤파이토스는 외모는 추했지만, 성품이 성실하고 근면했으며 늘 대장간에만 머물렀기 때문에 올림포스 내에서 정치적 위협이 가장 적은 신이었습니다.

그는 신들의 무구와 아름다운 장신구를 만드는 기술과 부를 가졌습니다. 제우스는 이 결혼을 통해 아프로디테의 통제 불가능한 매력을 헤파이토스의 노동과 안정에 묶어두려 했습니다. 하지만 아프로디테에게 헤파이토스의 삶은 곧 지루함이었습니다. 그녀는 욕망의 화신이었기에, 불꽃과 땀, 쇠망치 소리만 가득한 대장간의 생활은 숨 막히는 감옥과 같았죠.

그와 달리 연인이었던 아레스는 헤파이토스와 모든 면에서 정반대였습니다. 아레스는 잘생기고 용감했지만, 충동적이고 폭력적인 신이었습니다. 아프로디테의 눈에는 열정, 위험, 짜릿함의 상징으로 보였을 것입니다. 아프로디테가 욕망을, 아레스가 광기를 관장했기에, 이들은 '파괴적이고 통제 불가능한 에너지'라는 공통의 언어로 깊이 연결됐습니다.

아프로디테는 결국 권력제우스의 명령이 강요한 안정적인 결혼헤파이토스을 거부하고, 자신의 본능적인 욕망아레스을 선택했습니다. 앞서 살펴봤듯, 헤파이스토스가 이들의 애정 행각을 폭로하여 신들에게 망신을 주었을 때, 아프로디테는 분노와 수치심을 느꼈습니다. 하지만 이 사건은 역설적으로 아프로디테가 상징하는 사랑의 힘이 올림포스의 질서보다 강하다는 걸 증명하는 결정적인 순간이기도 했습니다.

아프로디테의 아름다움은 큰 재앙의 씨앗이 되곤 했습니다. 그중 가장 유명한 사례가 바로 트로이전쟁입니다. 한때 올림포스의 신들, 제우스와 포세이돈마저 사랑했던 여신이 있었습니다. 그녀는 바다의 님프인 테티스였어요. 그러나 장차 태어날 아들이 아버지보다 강력해질 것이라는 예언 때문에 신들과의 결혼을 허락받지 못했습니다. 결국 제우스의 뜻에 따라 테티스는 인간 영웅, 프티아의 왕 펠레우스와 결혼했습니다.

신들이 모두 모인 그들의 결혼식에서 유일하게 초대받지 못한 불화의 여신 에리스가 '가장 아름다운 여신에게'라고 적힌 황금

○— 〈비너스의 탄생〉 (1485), 산드로 보티첼리(Sandro Botticelli)

우라노스의 피와 살에서 나온 거품에서 태어난 아프로디테가 키프로스섬에 조개껍데기를 타고 나타날 때를 그린 장면이다. 왼쪽에 부둥켜안은 두 사람은 아네모이 4형제 중 서풍의 신 제피로스와 그의 아내인 꽃의 여신 클로리스로, 바람을 불어 섬에 착륙하게 해주고 꽃잎을 뿌리며 아프로디테의 탄생을 축하하고 있다. 아프로디테에게 걸쳐줄 옷을 들고 맞이하는 오른쪽의 여인은 계절의 여신인 호라이 중 한 명으로 보인다.

사과를 던졌고, 아프로디테, 헤라, 아테나는 이 사과를 차지하기 위해 다투었습니다. 심판을 맡은 트로이의 왕자 파리스에게 세 여신은 각기 선물을 제안했습니다. 헤라는 세상을 지배할 권력을 주겠다고 했고, 아테나는 모든 전쟁에서 승리할 수 있도록 명예와 지혜를 약속했으며, 아프로디테는 세상에서 가장 아름다운 여인을 아내로 주겠다고 했어요.

파리스는 고민하지 않고 즉시 아프로디테의 제안을 선택했습니다. 당시 세상에서 가장 아름다운 여인은 스파르타의 왕 메넬라오스의 아내 헬레나였어요. 아프로디테는 약속대로 헬레네를 파리스와 사랑에 빠지게 만들어 트로이로 데려가게 했습니다. 이 사건으로 그리스와 트로이는 거대한 전쟁을 일으켰고, 트로이 멸망이라는 비극의 서막이 열렸습니다.

아프로디테는 사랑의 힘이 파괴적인 동시에 얼마나 창조적일 수 있는지를 보여주는 여신이었습니다. 그녀의 아들 에로스는 활과 화살을 가지고 신과 인간에게 사랑의 마법을 걸어 신화 속 모든 스캔들을 일으켰습니다. 아프로디테를 상징하는 모든 것은 사랑과 생명의 근원적인 힘을 드러냅니다. 장미와 몰약은 아름다움과 향기, 그녀의 신성한 매력을, 비둘기는 순수한 사랑과 평화와 더불어 성적인 욕망을 상징합니다. 조개껍데기는 그녀의 탄생을, 여성의 생식 능력과 풍요를 상징합니다.

아프로디테는 모든 생명체에게 번식하고 사랑하려는 원초적인 욕망을 불어넣는 존재였습니다. 그녀는 우주의 근원적인 힘, 곧 사랑과 생명의 에너지를 대변하는 여신으로 인간과 신들의 세계를 흔들어놓았습니다.

사랑의 연금술사, 에로스

올림포스에는 거대한 창을 휘두르는 아레스나 번개를 내던지는 제우스보다 더 무서운 힘을 가진 작은 신이 있습니다. 미의 여신 아프로디테의 아들이자, 등에 달린 눈부신 금빛 날개를 퍼덕이며 신과 인간 사이를 종횡무진 누비는 에로스입니다. 그는 통통한 볼을 가진 어린아이의 모습을 하고 장난기 가득한 미소를 짓고 있지만, 그가 멘 화살통 속에는 우주의 질서를 단숨에 뒤흔들고 신들의 자존심을 짓밟을 수 있는 치명적인 힘이 숨겨져 있습니다.

에로스의 화살통에는 운명을 결정짓는 두 종류의 화살이 들어 있습니다. 황금 화살은 끝이 날카롭고 눈부시게 빛나는데, 이 화살에 맞으면 처음 눈에 들어오는 상대를 향해 걷잡을 수 없는 사랑의 열정과 갈망에 빠집니다. 납 화살은 끝이 뭉툭하고 무거운데, 이 화살에 맞으면 상대방을 죽도록 혐오하며 그 어떤 달콤한 구애도 밀쳐낼 만큼 마음이 차갑게 식습니다.

에로스는 이 화살들을 이용해 짓궂고 잔인한 장난을 즐겼습니다. 대표적인 희생자가 바로 광명의 신 아폴론이었습니다. 아폴론이 자신의 활 솜씨를 뽐내며 에로스에게 "꼬마야, 그런 위험한 장난감은 어른들이나 다루는 거란다"라고 무시하자, 에로스는 아폴론에게는 황금 화살을, 요정 다프네에게는 납 화살을 쏘아버렸습니다. 이성의 신 아폴론은 비참한 짝사랑의 노예가 되어 숲을 헤맸고, 다프네는 그를 피해 달아나다 결국 월계수로 변하는 비극을 맞이했습니다. 우주의 이성조차 에로스의 화살 앞에서는 이토록 무력해졌던 것입니다.

후대의 신화에서는 아프로디테의 아들로 묘사되지만, 가장 오래된 신화적 계보에서 에로스는 카오스_{혼돈}에서 가이아와 함께 태어난 태초의 신 중 하나이기도 합니다. 이는 에로스가 남녀 간의 감정을 넘어, 우주 만물을 서로 끌어당기게 하고 결합하게 만드는 근원적인 인력 그 자체라는 뜻입니다.

그가 없었다면 신들의 계보도, 인간의 번영도 시작될 수 없었을 것입니다. 에로스는 혼돈 속에 질서를 부여하고 차가운 물질에 생명의 불꽃을 지피는, 우주의 근원적인 에너지를 상징합니다. 사랑이 세상을 움직인다는 말은 말뿐만이 아니라 실질적인 권능이었습니다.

에로스는 눈을 가린 모습으로 묘사되곤 합니다. 사랑에는 상대의 결점을 보지 못하게 만드는 맹목성이 있음을 의미합니다. 그는 세상에서 가장 달콤한 축복을 선사하기도 하지만, 동시에 질투와 집착, 이별의 고통이라는 깊고 잔인한 상처를 남기기도 합니다.

아프로디테는 아들의 강력한 힘을 자신의 권위를 세우는 도구로 이용하곤 했습니다. 자신을 숭배하지 않는 오만한 자들에게 에로스를 보내 괴상하고 추한 상대와 사랑에 빠지게 만들어 수치심을 안겨주기도 했죠. 하지만 그런 에로스조차 자신의 화살에 찔려 진정한 사랑의 고통과 인내를 배워야 했던 결정적인 순간이 찾아옵니다.

에로스가 쏜 화살들이 세상을 어지럽히고 있을 때, 지상의 한 왕국에는 신들조차 질투할 만큼 아름다운 공주가 살고 있었습니다. 프시케의 미모는 사람들이 아프로디테의 신전을 찾지 않게 만들 정도였습니다. 이에 분노한 여신은 아들 에로스에게 "저 계집을 세상에서 가장 추악한 괴물과 사랑에 빠지게 하라"라며 잔혹한 명령을 내립니다. 그러나 그 복수의 화살은 전혀 예상치 못한 곳을 향했습니다.

진실한 사랑의 완성, 프시케

어느 나라에 세 명의 공주가 있었는데, 그중 막내인 프시케의 아름다움은 상상을 초월했습니다. 사람들은 그녀를 보기 위해 멀리서 몰려들었고, "미의 여신 아프로디테보다 프시케가 더 아름답다"라며 여신의 제단을 돌보지 않기 시작했습니다. 이에 격분한 아프로디테는 아들 에로스를 불러 명했습니다.

"가서 저 오만한 처녀가 세상에서 가장 추악하고 보잘것없는 괴물과 사랑에 빠지게 하라!"

에로스는 어머니의 명령을 받들기 위해 잠든 프시케에게 다가갔습니다. 그러나 그녀의 얼굴을 본 순간, 에로스는 프시케의 아름다움에 놀라 그만 실수로 황금 화살에 찔리고 말았어요. 그 순간, 에로스의 가슴에 프시케를 향한 사랑의 감정이 밀물처럼 몰려왔어요. 에로스는 그녀를 괴물에게 보내는 대신, 서풍의 신 제피로스를 시켜 자신의 비밀스러운 궁전으로 데려왔습니다.

프시케는 화려한 궁전에서 보이지 않는 하인들의 시중을 받으며 행복하게 지냈습니다. 하지만 그녀의 남편인 에로스는 오직 밤에만 나타났고, 결코 얼굴을 보여주지 않았습니다.

"나를 사랑한다면 나의 모습을 보려고 하지 마시오. 의심이 생기는 순간, 우리의 행복은 끝날 것이오."

남편의 목소리는 다정했지만, 프시케의 마음 한구석에는 불안이 싹트기 시작했습니다. 프시케의 행복을 시기한 언니들이 그녀를 방문해 독설을 내뱉었습니다.

"네 남편은 분명 너를 잡아먹으려는 끔찍한 괴물일 거야! 오늘 밤 초와 칼을 숨겨두었다가 그 괴물의 목을 베어버려!"

결국 의심에 눈이 먼 프시케는 남편이 잠들자 떨리는 손으로 촛불을 켜고 칼을 들었습니다. 하지만 촛불에 비친 침대 위에는 괴물이 아닌, 세상에서 가장 아름다운 신 에로스가 누워 있었습니다. 눈부신 금빛 날개와 고운 피부를 본 프시케는 자신의 어리석음을 깨닫고 당황했습니다. 그때, 그녀의 손이 떨리며 뜨거운 촛농이 에로스의 어깨에 떨어졌습니다. 잠에서 깬 에로스는 원망에 찬 눈빛으로 프시케를 바라보았습니다.

"사랑은 의심과 함께 살 수 없는 법이오!"

에로스는 그대로 창밖으로 날아가버렸고, 찬란했던 궁전은 순식간에 사라졌습니다. 남편 에로스를 잃고 절망에 빠진 프시케가 시어머니인 아프로디테의 궁전에 발을 들였지만, 질투와 분노에 휩싸인 아프로디테는 프시케의 머리채를 잡고 흔들며 비웃었습니다.

"네가 감히 내 아들의 아내가 되겠다고? 그렇다면 네가 그럴 자격이 있는지 증명해라. 인간의 미천한 손으로 이 시험들을 통과한다면 내 아들을 보내주마."

아프로디테는 창고에 쌓인 엄청난 양의 밀, 보리, 기장, 완두콩, 렌즈콩을 한데 뒤섞어 산더미처럼 쌓아놓았습니다. 그리고 해가 지기 전까지 이 모든 곡식을 종류별로 완벽하게 분류해놓으라고 명령했습니다. 평범한 인간의 손으로는 며칠이 걸려도 불가능한 일이었습니다. 프시케가 망연자실하여 눈물을 흘리고 있을 때, 땅 밑에서 작은 움직임이 일어났습니다. 에로스를 가엾게 여긴 개미 떼들이 몰려나와 일사불란하게 곡식 한 알 한 알을 입에 물고 옮겼습니다. 노을이 질 무렵에는 다섯 종류의 곡식이 정갈하게 나뉘어 쌓였습니다. 아프로디테는 이를 보고도 칭찬 대신 독설을 내뱉었습니다.

"운이 좋았구나. 하지만 이번엔 다를 것이다."

아프로디테는 강 건너 숲에서 풀을 뜯는 사나운 황금의 양들을 가리켜 양털을 가져오라고 했습니다. 그 양들은 태양의 기운을 받아 성질이 극도로 포악했으며, 사람이 다가가면 날카로운 뿔과

이빨로 갈기갈기 찢어 죽이는 괴수들이었습니다. 프시케는 죽음으로써 고통을 끝내려 강물에 몸을 던지려 했습니다. 그때 강가의 갈대들이 바람에 흔들리며 속삭였습니다.

"가련한 프시케여, 지금은 양들이 태양 빛을 받아 미쳐 날뛰는 시간이니 다가가지 마시오. 정오가 지나 양들이 덤불 그늘에서 잠들 때까지 기다렸다가, 나무 가시와 줄기에 걸려 있는 황금 양털을 줍기만 하면 된다오."

프시케는 지혜로운 조언에 따라 손쉽게 황금 양털을 가득 모아 돌아왔습니다.

세 번째 시련은 더욱 가혹했습니다. 아프로디테는 깎아지른 듯한 수직 절벽 꼭대기, 무시무시한 용들이 지키고 있는 곳에서 쏟아지는 검은 스틱스 강물을 병에 담아 오라고 했습니다. 인간의 발로는 도저히 오를 수 없는 빙벽인 데다, 그 폭포수는 죽음 그 자체였습니다.

프시케가 다시 한번 절망의 늪에 빠졌을 때, 하늘 위에서 거대한 그림자가 내려왔습니다. 바로 신들의 왕 제우스의 상징인 독수리였습니다. 독수리는 에로스가 자신을 도왔던 일을 기억하며 부리로 병을 낚아채 날아갔습니다. 용들의 눈을 피해 폭포수 한가운데에서 물을 채운 독수리는 프시케의 손에 병을 쥐여주었습니다.

마지막 시련은 가장 위험했습니다. 산 자의 몸으로 죽은 자들의 왕국에 내려가, 하데스의 왕비 페르세포네로부터 아름다움이 담긴 상자를 받아 오는 것이었습니다. 프시케는 높은 탑 위에서 뛰어내려 죽은 다음에 지하로 가려 했지만, 이번에는 탑이 지하 세계로 안전하게 가는 길과 카론의 배를 타는 법, 케르베로스를 얌전하게 만들 빵을 준비하는 법을 상세히 일러주었습니다.

모든 난관을 뚫고 상자를 손에 넣었지만, 돌아오는 길에 그녀의 마음속에 마지막 독이 스며들었습니다.

"이 상자 속의 아름다움을 조금만 훔쳐 쓴다면, 내 얼굴을 보고 남편이 다시 사랑해주지 않을까?"

프시케가 금기를 깨고 상자를 여는 순간, 그 안에서 나온 것은 아름다움이 아니라 지옥의 깊은 잠이었습니다. 프시케는 그대로 길바닥에 쓰러져 시체처럼 잠들었습니다. 이때 상처가 나은 에로스가 달려가 그녀의 눈에서 잠을 거두어 상자에 다시 담았습니다. 에로스는 제우스에게 간청하여 프시케를 아내로 맞이하게 해달라고 빌었습니다. 제우스는 프시케에게 신들의 음료인 암브로시아를 마시게 하여 그녀를 불멸의 여신으로 만들었습니다.

마침내 사랑에로스과 영혼프시케은 영원히 결합했습니다. 둘 사이에서는 기쁨헤도네이라는 딸이 태어났습니다. 헬라어로 나비를 뜻하기도 하는 프시케는, 애벌레가 고치를 뚫고 아름다운 나비가 되듯 인간의 영혼이 고통을 견뎌내고 진정한 사랑을 통해 신성에 도달하는 것을 뜻하는 위대한 상징이 되었습니다. 프시케의 네

가지 시련은 영혼이 진정한 사랑과 가치를 얻기 위해 거쳐야 하는 인내, 지혜, 용기, 유혹에 대한 극복을 상징합니다.

에로스와 프시케의 사랑이 천상에서 완성될 무렵, 지상에서는 자기 자신에 대한 지독한 집착으로 인해 파멸해가는 아름다운 소년의 이야기가 전해지고 있었습니다.

자신과 사랑에 빠진 소년, 나르키소스

　나르키소스는 강의 신 케피소스와 샘물의 요정 리리오페 사이에서 태어났습니다. 그는 태어난 순간부터 사람들의 감탄을 불러일으켰지요. 아기는 너무나 아름다워 마치 온몸에서 빛이 뿜어져 나오는 듯했습니다. 그의 피부는 매끄럽고 단단한 대리석처럼 완벽했으며, 눈동자는 맑은 하늘빛처럼 푸르게 빛났습니다. 리리오페는 그런 아이를 보며 기쁘면서도 한편으로 불안했어요.

　"이렇게 아름다운 아이가 과연 행복하게 살 수 있을까?"

　고민 끝에 어머니 리리오페는 당대 최고의 예언자 테이레시아스를 찾아갔습니다. 테이레시아스는 특별한 예언자였는데, 남자였다가 여자가 되었다가 남자로 돌아온 경험이 있었습니다. 그는 제우스와 헤라의 다툼에 휘말렸다가 제우스의 의견을 지지한 죄로 헤라의 저주를 받아 시력을 잃고 말았는데, 미안했던 제우스는 테레시아스에게 특별한 능력을 선물했습니다. 덕분에 그는 미래를 내다보고 세상의 모든 것을 이해할 수 있었죠.

리리오페는 테이레시아스에게 경의를 표한 뒤 물었어요.

"위대한 예언자시여, 제 아들이 저와 얼마나 오랫동안 함께 살 수 있을까요?"

테이레시아스는 지팡이로 땅을 짚으며 잠시 생각에 잠겼습니다. 그는 오랜 침묵 끝에, 의미심장한 말을 남겼습니다.

"이 아이가 자기 모습을 보지 않는다면 장수할 것입니다."

리리오페는 예언자의 말이 수수께끼처럼 느껴졌습니다. 하지만 예언자는 입을 닫고 더는 대답하지 않았습니다. 자신을 아는 것이 지혜의 시작인데, 그것이 어째서 죽음의 조건이 되는지 아무도 이해하지 못했습니다.

하지만 나르키소스가 자라나면서 그 예언의 실체가 드러났습니다. 나르키소스가 숲에서 사냥을 즐기자, 그를 본 모든 요정과 인간은 그의 미모에 마음을 빼앗겼습니다. 그중에서도 숲의 요정 에코는 나르키소스를 보는 순간 심장이 멎는 듯한 사랑을 느꼈습니다. 그녀는 나르키소스를 따라다니며 몰래 지켜봤죠.

나르키소스를 지켜볼수록 에코의 사랑은 점점 커졌습니다. 웃는 모습, 활을 당기는 모습, 땀을 닦는 모습까지도, 모두 사랑스러웠습니다.

"아아, 말을 걸어보고 싶어. 사랑한다고 고백하고 싶어."

하지만 에코에게는 슬픈 저주가 내려져 있었습니다. 에코는 원래 목소리가 아름답고 말을 잘하는 요정으로, 여신 헤라조차 그녀의 이야기에 빠져들곤 했답니다. 하지만 이것이 문제가 되었어요. 제우스는 자주 요정들과 바람을 피웠는데, 그때마다 에코가 헤라의 주의를 돌려서 제우스를 도왔거든요.

"헤라 님, 이 이야기 들어보셨어요? 어제 산에서….”

에코가 재미있는 이야기로 헤라를 사로잡는 동안, 제우스는 안심하고 요정들과 사랑을 나눌 수 있었습니다. 하지만 오래 지나지 않아 헤라는 에코의 속셈을 알아차렸습니다.

"네가 감히! 나를 속이고 제우스가 바람을 피우도록 도왔다고?”

헤라는 분노하며 에코에게 끔찍한 저주를 내렸습니다.

"이제부터 너는 스스로 말을 할 수 없다. 오직 남이 한 말의 마지막 부분만 되풀이할 수 있을 뿐이다!”

"그건 오해예요, 제발 저를 믿어주세요!”

에코는 부인했지만 헤라의 눈빛은 차갑게 굳었고, 저주는 이미 그녀의 혀를 묶어버렸습니다. 그 순간부터 에코는 더 이상 자신의 마음을 표현할 수 없었고, 남의 말만 되풀이하는 운명에 갇히고 말았습니다.

에코는 나르키소스에게 사랑을 고백하고 싶었지만 그가 말을 걸기 전에는 한마디도 먼저 내뱉을 수 없었습니다. 그녀는 모습을 숨긴 채 나르키소스를 훔쳐보며 마음만 앓았습니다. 그러던 어느 날, 사냥을 나왔던 나르키소스가 동료들과 떨어져 길을 잃고 말았습니다.

"거기 누구 없어?"

그 모습을 지켜보던 에코의 가슴이 뛰었습니다. 드디어 사랑을 고백할 기회라고 여긴 에코는 용기를 내어 떨리는 목소리로 대답했습니다.

"……없어?"

나르키소스는 주위를 둘러보며 소리쳤습니다.

"누군지 당장 모습을 드러내라!"

에코는 벅찬 마음으로 그의 말을 되풀이했습니다.

"……드러내라!"

기쁨을 참지 못한 에코는 나무 뒤에서 뛰쳐나와 나르키소스를 껴안으려 했습니다. 그러나 나르키소스는 그녀를 거칠게 밀쳐내며 얼굴을 찌푸렸습니다.

"무슨 짓이냐? 내 몸에 손대려 한다면 차라리 죽어버리겠다! 내 앞에서 썩 꺼져라!"

에코는 자신도 모르게 그 잔인한 말을 반복했습니다.

"……죽어버리겠다! ……꺼져라!"

순간, 그녀의 마음은 산산이 부서졌습니다. 수치심과 슬픔에 휩싸인 에코는 깊은 동굴 속으로 숨어들었습니다.

'그가 나를 거부했어. 더는 살고 싶지 않아.'

그녀는 동굴 벽에 기대어 울며 날마다 눈물만 흘렸습니다. 밥도 먹지 않고, 물도 마시지 않았습니다. 사랑을 거부당한 아픔은 너무나 컸습니다. 날이 갈수록 에코의 몸은 점점 말라갔습니다. 살은 사라지고 뼈만 앙상하게 남아, 마침내 그녀의 육체는 완전히 사라져 돌로 변했습니다. 그러나 그녀의 목소리만은 남아 세상에 울려 퍼졌습니다. 오늘날에도 산이나 동굴에서 소리를 지르면 들리는 것이 에코입니다. 그녀는 여전히 다른 사람의 말을 되풀이하며 나르키소스를 그리워하고 있습니다.

어떤 전승에 따르면, 아메이니아스라는 청년이 나르키소스를 열렬히 사랑했습니다. 그는 날마다 나르키소스를 찾아와 애절한 목소리로 고백했습니다.

"나르키소스, 제발 저를 봐주세요. 나는 당신을 진심으로 사랑합니다!"

그러나 나르키소스는 냉정하게 그를 무시했습니다.

"흥, 너 따위가 감히 나를?"

아메이니아스는 상처받으면서도 포기하지 않았습니다. 그는 여전히 나르키소스 곁을 맴돌며 사랑을 구걸했습니다. 그러던 어느 날, 나르키소스는 몹시 귀찮다는 듯 차갑게 웃으며 칼 한 자루를 내밀었습니다.

"네가 정말 나를 사랑한다면, 이 칼로 네 목숨을 끊어라. 더는
네 끔찍한 얼굴도, 네 목소리도 듣고 싶지 않다."

아메이니아스는 나르키소스의 집 문 앞에 무릎을 꿇고 하늘을
향해 절규했습니다.

"사랑의 신 에로스여! 정의의 여신 네메시스여! 이 오만한 자
에게 벌을 내려주소서! 그도 사랑에 빠지게 하소서. 그러나 결코
그 사랑을 얻지 못하게 하소서!"

그의 목소리는 절망으로 떨렸습니다. 마지막 눈물이 땅에 떨
어지자, 아메이니아스는 칼을 자신의 가슴에 깊이 찔러 넣었습니
다. 그 순간, 하늘에서 지켜보던 복수의 여신 네메시스의 눈빛이
차갑게 빛나면서 불꽃 같은 분노가 번뜩였습니다.

"정당한 기도다. 나르키소스, 이제 네가 다른 이들에게 준 고
통을 스스로 맛볼 차례다."

아메이니아스의 처절한 기도는 신들에 의해 받아들여졌습니다.

어느 날, 사냥에 지쳐 목이 말랐던 나르키소스는 숲속 깊은 곳
에서 숨겨진 샘물을 발견했습니다. 샘은 짐승들조차 건드리지 않
아 거울처럼 맑고 고요했습니다. 그가 물을 마시려고 몸을 굽히
는 순간, 물속에서 믿을 수 없을 만큼 아름다운 소년이 그를 바라
보고 있었습니다. 나르키소스는 그것이 자신의 모습이라는 사실
을 알지 못한 채, 그 미모에 완전히 매료되었습니다.

소년에게 입을 맞추려 입술을 내밀었지만 차가운 물결만이 닿

았고, 팔을 뻗어 안으려 하면 소년의 모습은 흩어져 사라졌습니다. 그러나 물결이 잦아들면 다시 나타나 슬픈 눈으로 그를 바라보았습니다. 나르키소스는 생전 처음 느끼는 사랑이라는 갈증 때문에 그 자리를 떠날 수 없었습니다.

"오, 아름다운 소년이여! 어찌하여 나를 피하는가? 내가 웃으면 너도 웃고, 내가 울면 너도 눈물을 흘리는데, 왜 내 손이 닿으면 사라져버리는가!"

예언자 테이레시아스의 말이 현실이 되고 말았습니다. 나르키소스는 자기 자신을 본 대가로 서서히 죽어가고 있었던 것입니다. 그는 먹지도, 자지도 않은 채 샘가에 머물렀습니다. 눈부신 피부는 빛을 잃었고, 탄탄했던 몸은 점점 수척해졌습니다. 마지막 순간, 그는 물속의 환영을 향해 속삭였습니다.

"가련한 사랑이여, 안녕!"

멀리서 에코의 목소리가 슬프게 메아리쳤습니다.

"……안녕!"

숨을 거둔 나르키소스의 몸은 그 자리에서 뿌리를 내리더니 한 송이 꽃으로 변했습니다. 고개를 숙여 물속을 내려다보는 듯한 노란 꽃잎의 수선화였습니다.

지하 세계로 내려간 나르키소스의 영혼은 여전히 스틱스강의 검은 물 위에 비친 자신의 모습을 쳐다보았다고 전해집니다. 그는 죽어서도 자신이라는 지옥에서 벗어나지 못한 것입니다.

○─ 〈에코와 나르키소스〉 (1629), 니콜라 푸생(Nicolas Poussin)

자신의 모습과 사랑에 빠져 죽음을 맞이한 나르키소스, 그를 바라보며 슬픔에 잠겨 바위
로 변해가는 에코, 그리고 비극적인 죽음을 상징하는 장례의 횃불은 든 에로스를 통해
신화 속 애절한 사랑 이야기가 한 장면에 담겨 있다.

나르키소스가 자신의 아름다움에 갇혀 파멸하는 동안, 올림포스의 지하 대장간에서는 전혀 다른 풍경이 펼쳐지고 있었습니다. 가장 추한 외모를 가졌지만 가장 아름다운 것들을 만들어내는 신, 신들의 비웃음을 사면서도 묵묵히 자신의 망치를 휘두르는 장인의 이야기를 살펴볼까요?

불꽃 속의 장인, 헤파이스토스

헤파이스토스는 올림포스 12신 중 불과 대장간, 금속 공예와 기술을 관장하는 신입니다. 그는 찬란한 올림포스 신들 중 유일하게 신체적 장애와 추한 외모를 가졌으나, 그의 투박한 손끝에서는 신들조차 경외하는 마법 같은 보물이 탄생했습니다.

헤파이스토스의 탄생은 축복이 아닌 비극으로 시작되었습니다. 전해지는 이야기에 따르면, 제우스가 아테나를 어머니 없이 홀로 낳은 것을 보고 오기가 생긴 헤라가 자신도 남편 없이 홀로 아들을 낳았는데, 그가 바로 헤파이스토스라고 합니다. 하지만 갓 태어난 아기는 너무나 못생겼습니다.

완벽함을 추구하던 헤라는 극심한 수치심과 혐오를 느꼈습니다. 그녀는 갓 태어난 아기를 올림포스 절벽 아래로 가차 없이 던져버렸습니다. 헤파이스토스는 온종일 하늘에서 떨어지다 바다에 처박혔고, 이때 입은 부상으로 평생 다리를 절게 되었습니다. 다행히 바다의 여신 테티스와 에우리노메가 그를 거두어 깊은 바닷속 동굴에서 9년 동안 정성껏 키웠습니다. 헤파이스토스는 어두운 심해에서 복수심 대신 뜨거운 불꽃을 품고 금속을 다루는 경이로운 기술을 연마했습니다.

헤파이스토스는 자신의 존재를 부정한 어머니 헤라에게 정교한 복수를 준비했습니다. 그는 세상에서 가장 아름답고 화려한 황금 왕좌를 만들어 올림포스로 보냈습니다. 아들이 보낸 선물인 줄은 꿈에도 모른 채 헤라가 그 왕좌에 앉자, 보이지 않는 정교한 기계 장치들이 뛰어나와 그녀를 옭아매었습니다. 올림포스의 그 어떤 힘센 신도, 지혜로운 여신도 그 사슬을 풀 수 없었습니다. 당황한 제우스는 헤파이스토스를 불러들였으나, 그는 "나에게는 어머니가 없다"라며 거절했습니다. 결국 술의 신 디오니소스가 나서서 그에게 달콤한 포도주를 먹여 취하게 한 뒤에야, 당나귀 등에 실려 굴욕적으로 올림포스로 복귀했습니다.

헤파이스토스는 어머니를 풀어주는 대신 올림포스 최고의 미인 아프로디테를 아내로 맞이하게 해달라고 요구했습니다. 그 덕분에 버려진 자에서 신들의 장인으로 위상이 완전히 뒤바뀌었습니다.

올림포스의 대장장이 헤파이스토스는 언제나 고독했습니다.

아내의 배신과 자신의 외모 때문에 신들 사이에서 웃음거리가 되곤 했지만, 그의 대장간은 올림포스의 심장과 같았습니다. 그가 망치를 내리칠 때마다 땅속 깊은 화산이 불을 뿜었고, 그 울림은 천지를 뒤흔들었습니다. 신과 영웅의 손에 쥐어진 모든 걸작은 그의 손을 거쳐 탄생했습니다. 제우스의 권위를 상징하는 번개, 헤라의 황금 마차, 포세이돈의 삼지창은 모두 그의 대장간에서 빚어졌습니다. 영웅들의 무구 또한 그의 솜씨였습니다. 아킬레우스의 무적 갑옷, 헤라클레스의 청동 방패, 아테나의 아이기스가 그것입니다.

문명의 시초마저 그의 손에서 비롯되었습니다. 제우스의 명에 따라 흙으로 빚어 만든 최초의 여성, 판도라가 그의 대장간에서 태어났던 것입니다.

무엇보다 놀라운 것은 그의 앞선 기술력이었습니다. 그는 불편한 다리를 보조하려고, 스스로 생각하고 움직이는 황금 하녀들을 만들었습니다. 이들은 주인의 명령을 알아듣고 움직였는데, 이는 오늘날 우리가 말하는 인공지능이나 로봇의 원형이라 할 수 있는 놀라운 발명품이었습니다.

헤파이스토스는 외모 때문에 조롱받기도 했으나, 정작 올림포스가 위기에 처할 때마다 그의 무기와 도구가 신들을 구원했습니다. 그는 육체적 고통과 배신이라는 슬픔을 창조의 에너지로 승화시킨 신이었습니다. 땀과 불꽃 속에 파묻혀 묵묵히 제자리를 지키는 그의 모습은, 인간들에게 노동의 신성함과 기술의 위대함을 상징하는 인내의 아이콘이 되었습니다.

신들의 정원과 인간의 마을을 가장 민첩하게 오가는 재치와 기지의 달인도 있었습니다. 뱀이 감긴 지팡이를 들고 날개 달린 신발을 신은 채, 도둑과 상인들의 기도를 들어주는 영리한 전령은 누구일까요?

소통의 달인, 헤르메스

헤르메스는 제우스와 님프 마이아 사이에서 태어난 아들로, 올림포스 12신 중 가장 발 빠르고 재치 있는 신입니다. 그는 신들의 전령이자 상업, 여행, 도둑, 운동선수, 길의 수호신입니다. 그는 누구보다 교활한 동시에, 특유의 유머와 지혜로 신과 인간 모두에게 사랑받는 올림포스의 재간둥이였습니다.

헤르메스는 태어나자마자 전설이 되었습니다. 킬레네산의 동굴에서 태어난 이 비범한 아기는 강보에 싸인 채 요람에 누워 있다가, 어머니가 잠든 틈을 타 밖으로 기어 나왔습니다. 그가 향한 곳은 이복형 아폴론이 아끼던 소 떼가 있는 목장이었습니다. 겨우 하루 된 아기였지만, 헤르메스는 천재적인 범죄 시나리오를 짰습니다. 그는 소 50마리의 발에 신발을 거꾸로 신겨 발자국이 반대 방향으로 향하게 했고, 소들의 꼬리에 나뭇가지를 빗자루처럼 묶어서 끌고 가며 땅에 남은 흔적을 완벽히 지웠습니다. 소들을 숨겨둔 뒤 동굴로 돌아오던 길에 거북 한 마리를 발견하고는, 거북 등껍질에 양의 내장으로 줄을 매달아 인류 최초의 현악기인 리라를 발명하기도 했습니다.

뒤늦게 소를 도둑맞은 사실을 알고 분노하며 쫓아온 아폴론에게, 헤르메스는 요람에 누워 옹알이하며 시치미를 뗐습니다. 하지만 제우스의 중재로 진실이 드러나자, 헤르메스는 자신이 만든 리라를 꺼내 연주하기 시작했습니다. 그 감미로운 선율에 매료된 음악의 신 아폴론은 소 떼를 포기하는 대신, 리라를 넘겨받기로 합의했습니다. 이 사건은 헤르메스가 상업과 거래, 설득의 수호신이 되게 했습니다.

헤르메스는 올림포스의 신들 가운데 가장 바쁘게 움직이기도 했습니다. 그는 신들의 왕 제우스가 맡기는 은밀한 심부름부터, 서로 얽히고설킨 신들 간의 분쟁을 해결하는 일까지 도맡아 수행했습니다. 언제나 빠르게 움직이고 어디서든 나타나는 그의 모습은 올림포스의 질서를 유지하는 숨은 힘이었습니다.

그의 권위와 기동성을 상징하는 세 가지 보물이 있었습니다. 먼저 탈라리아는 바람보다 빠르게 하늘과 대지를 가로지르게 해 주는 날개 달린 샌들입니다. 이 샌들을 신은 헤르메스는 누구보다 신속하게 세상과 신계를 오갔습니다. 페타소스는 여행자를 상

징하는 날개 달린 모자입니다. 이 모자는 그가 길 위의 수호자이
자 방랑자의 벗임을 나타냅니다. 마지막으로 카두케우스는 두 마
리의 뱀이 서로 엉켜 있는 지팡이로 단순한 무구가 아니라, 분쟁
을 잠재우고 평화를 가져오는 중재자의 권위를 상징했습니다. 이
세 가지 보물 덕에 헤르메스는 단순한 심부름꾼이 아닌, 올림포
스의 질서를 지키는 조율자이자 평화의 사자가 되었습니다.

헤르메스의 진정한 위대함은 경계를 넘는 데 있습니다. 그는
올림포스와 지상을 연결할 뿐만 아니라, 죽은 자의 영혼을 하데
스의 왕국으로 인도하는 프시코폼포스영혼의 안내자 역할을 수행했
습니다. 신들 중 유일하게 이승과 저승을 자유로이 왕래할 수 있
었던 그는 삶과 죽음을 오가는 가장 든든한 가이드였습니다.

그는 영웅들의 여정에서도 결정적인 조력자로 빛났습니다. 제
우스의 연인 이오를 구출하기 위해 100개의 눈을 가진 거인 아르
고스를 지루한 이야기와 피리 소리로 잠재워 처단한 일화는 그의
기민함을 증명합니다. 또한 도둑의 신이자 상인의 신이기도 했습
니다. 이는 고대인들이 비즈니스상업와 기만속임수을 동전의 양면
처럼 보았다는 뜻입니다. 하지만 헤르메스는 악의적인 사기꾼이
라기보다, 막힌 곳을 뚫어주고 정체된 상황을 변화시키는 활력의
신이었습니다.

고대 그리스인들은 낯선 길을 갈 때마다 길가에 세워진 돌기둥
인 헤르마에 제물을 바치며 헤르메스가 지켜주길 빌었습니다. 그

○─ 〈메르쿠리우스와 아르고스〉 (1636~1638), 페테르 파울 루벤스

로마 신화의 메르쿠리우스는 그리스 신화의 헤르메스와 동일시된다. 그림은 암소로 변한 이오를 구하기 위해 아르고스를 피리 소리와 지루한 이야기로 잠들게 한 후 목을 치는 장면이다. 왼쪽의 흰 소는 이오다. 헤르메스는 도둑과 나그네, 상인을 대표하는 신이다.

는 인간의 언어를 발명하고 소통의 기술을 가르쳤기에, 인간들에게 가장 친근하고 말하기 편한 신으로 기억됩니다.

헤르메스의 재치 있는 중재로 올림포스의 회의가 마무리될 무렵, 구석진 자리에서 조용히 미소 짓는 마지막 신이 있습니다. 그는 찬란한 빛의 정점에서 비극적으로 태어났으며, 신들 중 유일하게 인간 어머니의 죽음을 목격한 고통스러운 생존자이기도 합니다. 포도주의 향기와 광기 어린 축제 뒤에 숨겨진 인간적인 슬픔을 간직한 신, 기쁨과 황홀경, 고통스러운 부활의 신 디오니소스를 살펴봅시다.

축제와 환희의 신, 디오니소스

　디오니소스는 술과 풍요, 황홀경, 연극을 관장하는 신입니다. 그는 올림포스 12신 중 가장 늦게 합류한 막내였지만, 인간의 가장 깊은 본능과 감정의 영역에서 가장 강력한 영향력을 행사했습니다. 그의 이야기는 신의 영광을 누리기 이전에 인간의 고통을 겪고 부활한 여정을 담은 한 편의 장엄한 드라마입니다.

　디오니소스의 출생은 올림포스 역사상 가장 비극적이고도 경이로운 사건이었습니다. 그의 어머니는 테베의 공주인 인간 세멜레였고, 아버지는 제우스였습니다. 제우스와 세멜레의 사랑을 시기한 헤라는 늙은 유모로 변장해 세멜레를 찾아갔습니다. 헤라는 "당신의 연인이 진짜 제우스라면, 신의 참된 모습을 보여달라고 하세요"라며 의심의 씨앗을 심었습니다. 순진한 세멜레는 헤라의 말에 속아 제우스에게 신의 본 모습을 보여달라고 졸랐습니다. 제우스는 이미 그녀의 소원을 들어주겠다고 스틱스강에 맹세한 후여서 그 요청을 거부할 수 없었습니다. 제우스는 마지못해 신의 모습을 드러냈고, 세멜레는 휘황찬란한 신의 광채를 견디지 못하고 그 자리에서 타 죽고 말았습니다.

절망한 제우스는 세멜레의 자궁 속에서 타들어 가던 태아를 꺼내 자신의 넓적다리에 꿰매어 넣었습니다. 아버지는 남은 임신 기간 동안 자신의 피로 아이를 키웠고, 마침내 아이는 무사히 세상 빛을 보았습니다. 어머니에게서 한 번, 아버지에게서 또 한 번 태어났기에 그는 '두 번 태어난 자'라는 이름을 얻었습니다. 신 중 유일하게 인간 어머니를 둔 그는 태생적으로 인간의 연약함과 죽음의 공포를 이해할 수 있었습니다.

성인이 된 디오니소스는 헤라가 내린 광기의 저주에 시달리며 세상을 떠돌았습니다. 긴 방랑 기간 동안 그는 인간들에게 포도 재배법과 양조법을 전수했습니다. 그가 선사한 포도주는 고통받는 인간들에게 근심을 잊게 하는 '액체로 된 태양'이었지만, 절제를 잃으면 이성을 마비시키는 위험한 약이 되기도 했습니다.

그에게는 마이나데스라 불리는 광기 어린 여성 추종자들이 있었습니다. 그들은 담쟁이덩굴을 몸에 두르고 산과 들을 누비며 신성한 광란의 의식을 치렀습니다. 이는 억눌린 자아를 해방하고 신과 영적으로 하나가 되는 황홀경의 체험이었습니다. 이렇듯 디오니소스는 이성과 문명의 틀 아래 가둬진 인간의 야성을 일깨우는 해방의 신이었습니다.

디오니소스 숭배는 인류 예술사에 가장 중요한 유산을 남겼습니다. 그를 찬양하는 합창곡인 '디티람보스Dithyrambos'는 훗날 서구 문명의 근간인 연극으로 발전했습니다. 사람들은 가면을 쓰고 타인의 삶을 연기하며 인간의 깊은 슬픔과 모순을 표현했습니다. 그래서 '비극tragedy'이라는 단어는 디오니소스에게 바쳐진 제물인 염소tragos의 노래에서 유래되었습니다. 그는 술의 신일 뿐 아니라, 인간 존재의 고뇌와 환희를 무대 위로 끌어올린 예술과 카타르시스의 주인이었습니다.

마침내 디오니소스는 지하 세계로 내려가 어머니 세멜레의 영혼을 구해낸 후 올림포스로 인도했습니다. 제우스는 아들의 위업을 높이 사서 그를 12신의 반열에 올렸습니다. 이때 평화를 사랑하는 화로의 여신 헤스티아가 기꺼이 자리를 양보하고 물러났다는 전설은 디오니소스의 등장이 올림포스 체제의 완성임을 뜻합니다.

디오니소스는 죽음을 겪은 어머니를 통해 고통을 배웠고, 부활을 통해 환희를 가르쳤습니다. 그는 인간의 마음속에 공존하는 이성과 광기, 질서와 혼돈의 모순을 누구보다 깊이 이해하는 가장 인간적인 신으로 남았습니다.

올림포스 신들의 찬란하고도 치열한 시대가 완성될 무렵, 지

○─ 〈바쿠스〉 (1598?),
　　미켈란젤로 메리시 다 카라바조(Michelangelo Merisi da Caravaggio)

포도주의 신 바쿠스(디오니소스)를 묘사한 작품, 카라바조는 신화 속 인물을 신성한 모습 대신 일상적인 인물처럼 사실적으로 표현했다. 과일 바구니에 싱싱한 과일과 썩어가는 과일을 함께 그려 넣어, 향락의 일시성과 인생의 유한함을 암시하는 '메멘토 모리(죽음을 기억하라)'를 담고 있다.

상에서는 신들조차 숨을 죽이고 귀를 기울이게 만든 한 인간의 연주가 시작되었습니다. 사랑하는 아내를 되찾기 위해 산 자의 몸으로 저승의 문을 두드린 천재 음악가인 오르페우스의 애절하고도 장엄한 사랑 이야기를 알아보겠습니다.

하데스를 울린 천재 음악가, 오르페우스

음악의 신 아폴론과 서사시의 뮤즈 칼리오페 사이에서 태어난 오르페우스는 인류 역사상 가장 위대한 음악가였습니다. 아버지는 그에게 신성한 황금 리라를 선사했고, 어머니는 영혼 깊숙한 곳을 울리는 가사 쓰는 법을 가르쳤습니다. 그가 리라를 켜며 노래를 시작하면 세상의 모든 풍경이 바뀌었습니다. 사나운 맹수들은 순한 양처럼 발치에 엎드렸고, 나무와 바위조차 그 선율을 더 가까이에서 듣기 위해 뿌리를 뽑아 그를 따라 움직였습니다. 심지어 흐르던 강물조차 그 흐름을 멈추고 숨을 죽였다고 전해집니다.

오르페우스는 숲의 요정 에우리디케와 사랑에 빠져 결혼했습니다. 온 세상이 그들의 결합을 축복하는 듯 보였으나, 운명의 여신은 그들에게 긴 시간을 허락하지 않았습니다. 결혼식 날, 에우리디케는 들판을 거닐다 그녀의 미모에 눈이 먼 양치기 아리스타이오스의 추격을 피했습니다. 다급히 풀숲을 헤치며 달아나던 순간, 은신해 있던 독사가 그녀의 발목을 날카롭게 물었습니다. 아름다운 신부는 꽃잎이 채 피어나기도 전에 차가운 시신이 되어 지하 세계의 어둠 속으로 떠나갔습니다.

아내를 잃은 오르페우스의 절규는 지상의 모든 생명체를 슬픔에 잠기게 했습니다. 그는 도저히 아내 없는 삶을 받아들일 수 없었습니다. 결국 그는 신도 인간도 엄두를 내지 못한 위험한 결심을 합니다. 오직 산 자의 몸으로 죽은 자들의 땅인 하데스의 왕국으로 내려가 아내를 직접 되찾아오기로 한 것입니다.

오르페우스는 리라 하나만을 들고 저승의 문을 두드렸습니다. 그의 연주는 죽음의 견고한 질서마저 무너뜨렸습니다. 완고한 뱃사공 카론은 노 젓는 것을 멈추고 홀린 듯 그를 배에 태웠으며, 머리 셋 달린 괴물 개 케르베로스는 으르렁거리는 대신 조용히 꼬리를 내리고 길을 내주었습니다. 타르타로스의 영원한 형벌조차 멈췄습니다. 바위를 밀어 올리던 시시포스는 바위 위에 앉아 눈물을 훔쳤고, 탄탈로스는 타는 듯한 갈증을 잊었습니다. 마침내 하데스와 페르세포네 앞에 선 오르페우스는 자신의 사랑과 상실을 담아 온 영혼으로 노래했습니다. 그 절절한 선율에 단 한 번도 눈물을 흘려본 적 없는 복수의 여신들에리니에스의 뺨 위로 뜨거운 눈물이 흘렀습니다. 결국 지하의 왕 하데스는 신화 역사상 전무후무한 결정을 내렸습니다.

"그대의 음악이 죽음의 법보다 강하구나. 에우리디케를 데려가라. 단, 조건이 있다. 지상의 햇빛을 보기 전까지 너는 결코 뒤를 돌아보아서는 안 된다."

오르페우스는 앞서 걸었고, 에우리디케의 영혼은 소리 없이 그 뒤를 따랐습니다. 어둡고 가파른 지하의 길을 오르며 오르페우스의 심장은 터질 듯 요동쳤습니다.

'정말 내 뒤에 그녀가 오고 있는 것일까? 하데스가 나를 속인 것은 아닐까? 발소리조차 들리지 않는데 그녀가 어둠 속에서 길을 잃지는 않았을까?'

지상의 밝은 햇살이 눈앞에 보이기 시작한 바로 그 순간, 고지가 단 한 걸음 남았을 때 오르페우스는 끝내 그 의심을 이기지 못하고 뒤를 돌아보았습니다. 그의 눈에 비친 것은 아련한 안개처럼 흩어지는 에우리디케의 형상이었습니다.

그녀는 슬픈 눈으로 "안녕"이라는 마지막 말만을 남긴 채 다시 어둠 속으로 끌려갔습니다. 오르페우스가 필사적으로 손을 뻗었지만, 그가 움켜쥔 것은 차가운 허공뿐이었습니다.

두 번이나 아내를 잃은 오르페우스에게 지하의 문은 다시는 열리지 않았습니다. 그는 지상으로 돌아와 세상의 모든 여인을 거부한 채 산천을 떠돌며 오직 죽은 아내를 향한 슬픈 노래만을 불렀습니다. 그의 노래에 매료되었으나 거부당한 것에 앙심을 품은

<그림 오르페우스와 에우리디케> (1709), 장 라우(Jean Raoux)

오르페우스는 뛰어난 음악가로, 가운데 있는 두 연인 중 악기를 들고 있는 사람이 오르페우스다. 그의 손을 잡고 뒤를 돌아보며 걷고 있는 여인은 그의 아내 에우리디케다. 돌연 죽음을 맞은 아내를 찾아 직접 지하 세계까지 내려온 오르페우스는 왼쪽 상단에 앉아 있는 두 사람, 지하 세계의 왕인 하데스와 그 아내 페르세포네를 감동시켜 에우리디케를 데리고 갈 기회를 얻는다.

트라키아의 여인들은 광기에 휩싸여 그를 습격했습니다. 오르페우스의 몸은 잔혹하게 찢겨 버려졌습니다. 그의 머리는 헤브로스강을 따라 흘러가면서도 여전히 에우리디케의 이름을 불렀고, 주인을 잃은 그의 리라는 하늘로 올라가 거문고자리가 되었습니다.

오르페우스의 비극은 인간의 예술이 신의 영역에 닿을 만큼 위대할 수는 있지만, 인간의 마음은 아주 작은 의심조차 이겨내기 힘들 만큼 나약하다는 것을 보여주는 가장 인간적인 신화가 되었습니다.

오르페우스의 슬픈 노래가 끝나자, 올림포스와 인간 세상은 다시 고요해졌습니다. 그러나 이번에는 황금빛 욕망에 사로잡힌 한 왕의 운명이 펼쳐집니다. 이미 부와 권력을 가진 자가 더 큰 욕망을 품었을 때, 손끝에 닿는 모든 것이 황금으로 변하는 기적은 곧 저주가 되어 돌아옵니다.

황금을 만드는 손, 미다스

그리스 신화에서 풍요와 결핍을 동시에 상징하는 가장 아이러니한 인물은 프리기아의 왕 미다스입니다. 그는 술의 신 디오니소스의 스승인 실레노스가 길을 잃고 헤매자, 그를 정성껏 대접하여 돌려보냈습니다. 이에 감동한 디오니소스는 미다스에게 "원하는 것은 무엇이든 들어주겠다"라는 파격적인 제안을 건넵니다. 미다스는 평소 자신의 거대한 보물 창고를 채우고 싶어 하던 끝없는 탐욕에 이끌려, 인류 역사상 가장 화려하면서도 어리석은 소원을 빌었습니다.

"나의 손끝이 닿는 모든 사물이 눈부신 황금으로 변하게 해주소서!"

디오니소스는 그 소원이 가져올 끔찍한 파멸을 예견하며 씁쓸하게 고개를 끄덕였습니다.

궁전으로 돌아가는 길, 미다스는 떨리는 마음으로 능력을 시험했습니다. 길가에 늘어진 참나무 가지를 꺾자 나뭇잎 하나하나가 세공된 황금으로 변했고, 발끝에 걸린 평범한 돌멩이를 집어 들자 묵직한 황금 덩어리가 되었습니다. 밀 이삭을 만지면 들판에 황금 물결이 일었고, 사과를 따면 신화 속 헤스페리데스의 황금 사과처럼 변했습니다. 미다스는 세상을 다 가진 듯한 기쁨에 취해 목소리를 높였습니다.

"나는 이제 세상에서 가장 부유한 왕이자, 신의 권능을 가진 자다!"

그러나 황홀경은 한 시간을 채 넘기지 못했습니다. 궁전에 돌아와 성대한 축하 연회를 준비한 미다스는 허기를 느껴 갓 구운 빵을 집어 들었습니다. 하지만 부드럽고 따뜻하던 빵은 손에 닿는 순간 딱딱하고 차가운 황금 덩어리로 변해 삼킬 수 없었습니다. 타는 갈증을 해소하려 포도주잔을 입에 대자, 향긋한 액체였던 술은 목구멍을 넘어가기도 전에 녹은 황금이 되었습니다.

미다스는 산해진미를 눈앞에 두고도 단 한 조각의 음식도 삼킬 수 없는 굶주림의 공포에 직면했습니다. 금은 아름다웠으나, 그것은 생명을 유지할 수 없는 무생물의 결정체일 뿐이었습니다. 절망에 빠진 미다스가 머리를 쥐어뜯으며 울부짖을 때, 그의 어린 딸이 아버지를 위로하려 달려와 품에 안겼습니다. 미다스가 무심결에 사랑하는 딸을 껴안은 찰나, 온기를 가진 아이의 몸은 숨소리조차 들리지 않는 차가운 황금 조각상으로 변하고 말았습니다. 탐욕이 실현된 대가는 그가 사랑하는 모든 생명력을 앗아가는 것이었습니다. 죽음보다 깊은 후회 속에 미다스는 디오니소스에게 달려가 무릎을 꿇었습니다.

"오, 위대한 신이여! 제 오만을 뉘우치니 이 눈부신 저주를 거두어주소서!"

자비로운 디오니소스는 그에게 팍톨로스강으로 가서 몸을 씻으라고 일러주었습니다. 미다스가 강물에 몸을 담그자, 그의 영혼을 갉아먹던 황금의 마법이 빠져나와 물결 속으로 흘러 들어갔습니다. 이때부터 팍톨로스 강바닥에서는 사금이 나기 시작했다고 전해집니다. 미다스는 비로소 황금의 굴레에서 벗어나, 평범한 빵 한 조각과 맑은 물 한 잔이 지닌 생명의 소중함을 깨달았습니다. 미다스의 이야기는 인간의 욕망이 본질^{생명}을 잊고 수단^{물질}에 집착할 때 어떤 비극이 발생하는지를 보여주는 가장 오래된 경고장입니다.

미다스가 물질에 생명을 잃었다면, 이번에는 정반대로 생명이 없는 물질에 지독한 사랑을 쏟아 차가운 대리석 조각상에 생명을 불어넣은 예술가, 피그말리온의 이야기를 알아볼까요?

조각상에 생명을 불어넣은 조각가, 피그말리온

미다스 왕의 황금 손이 탐욕으로 인해 살아 있는 생명력을 앗아가는 비극을 낳았다면, 키프로스의 젊은 조각가 피그말리온은 예술적 완벽주의와 그로 인한 고독 속에서 죽어 있는 물질에 생명을 불어넣는 기적을 만들어냈습니다.

그는 당시 키프로스 여인들의 방탕하고 부도덕한 행실에 깊은 환멸을 느낀 나머지, 평생 독신으로 살며 오직 예술 세계에만 침잠하기로 맹세했습니다. 피그말리온은 모든 기술과 영혼을 쏟아부어 하얀 상아로 여인의 조각상을 만들기 시작했습니다. 그는 지상의 어떤 여인보다 아름답고 순결하며 우아한 이상형을 깎아나갔습니다. 작업을 마쳤을 때, 그 조각상은 너무나 정교하고 생생하여 마치 살아 있는 여인이 잠시 눈을 감고 숨을 멈춘 채 서 있는 것처럼 보였습니다.

문제는 그 완벽함이 창조주인 피그말리온의 마음을 사로잡았다는 점입니다. 피그말리온은 자신이 만든 무생물 조각상과 지독한 사랑에 빠지고 말았습니다. 그는 조각상에 갈라테아라는 이름을 붙여주고, 매일 아침 그녀에게 화려한 비단옷을 입히고 손가락에는 값진 보석을 끼워주었습니다. 그는 차가운 상아 손을 잡고 다정한 말을 건넸으며, 그녀가 대답해주기를 간절히 바랐습니다. 하지만 돌아오는 것은 언제나 차가운 침묵과 딱딱한 상아의 감촉뿐이었습니다.

사랑의 여신 아프로디테를 기리는 축제 날, 키프로스 전체가 축제의 열기로 가득 찼습니다. 피그말리온은 홀로 여신의 제단 앞에 엎드렸습니다. 그는 차마 조각상에 생명을 불어넣어달라는 무모한 말은 꺼내지 못하고, 떨리는 목소리로 간청했습니다.

"아름다움의 주인이신 여신이여, 제발 제가 만든 조각상을 꼭 닮은 여인을 제 아내로 맞이하게 해주소서."

피그말리온의 진심 어린 사랑과 그 지독한 고독을 꿰뚫어 본 아프로디테는 제단의 불꽃을 세 번 높이 솟구치게 하여 그의 기도에 응답했습니다. 집으로 돌아온 피그말리온은 평소처럼 어두운 방 안의 갈라테아 조각상에게 다가가 부드럽게 입을 맞추었습니다.

그 순간, 믿을 수 없는 기적이 일어났습니다. 입술에 닿은 것

○─ 〈아프로디테에게 기도하는 피그말리온〉 (1786),

장바티스트 레노(Jean-Baptiste Regnault)

피그말리온은 사람들에게 염증을 느낀 나머지 평생 독신으로 살겠다고 마음먹었지만, 예술혼을 다해 만든 조각상과 사랑에 빠졌다. 한 손에 든 망치는 조각가라는 걸 나타낸다. 차가운 돌이지만 진심 어린 애정과 바람을 품으면 현실이 된다는 피그말리온의 이야기는 관심과 사랑이 얼마나 큰 변화를 가져오는지 잘 보여준다.

은 차가운 상아가 아닌, 사람의 살결처럼 부드럽고 따뜻한 온기였습니다. 놀란 그가 조각상의 팔을 어루만지자 단단했던 상아는 밀랍처럼 말랑해지며 손목 아래로 맥박이 뛰기 시작했습니다.

창백했던 갈라테아의 뺨에는 장밋빛 혈색이 돌았고, 마침내 그녀는 천천히 눈을 떠 자신을 창조한 피그말리온을 바라보며 수줍은 미소를 지었습니다. 간절한 염원이 우주의 법칙을 거스르고 무생물에 영혼을 부여한 것입니다. 아프로디테는 기적 같은 연인의 결혼식에 직접 참석하여 영원한 축복을 내려주었습니다.

피그말리온의 이야기는 로맨스를 넘어 오늘날 심리학 용어인 '피그말리온 효과'로 살아남았습니다. 이는 타인의 기대나 관심 혹은 스스로에 대한 간절한 믿음이 실제로 긍정적인 결과를 만들어내는 현상을 의미합니다. 미다스의 황금 손이 탐욕의 저주를 보여주었다면, 피그말리온의 손은 사랑과 믿음이 불가능을 가능으로 바꾸는 힘을 증명했습니다. 인간의 갈망이 신성한 의지와 만날 때, 기적은 탄생합니다.

올림포스의 완성

　지금껏 살펴본 기나긴 신들의 연대기는 단순히 먼 과거의 기록이 아닙니다. 그리스 신화가 수천 년의 세월을 견디고 살아남아 오늘날까지 강력한 영향을 미치는 이유는, 그 이야기가 흥미롭기 때문만이 아니라, 인간이 가진 모든 원초적인 감정과 본능, 존재에 대한 근원적인 질문이 가장 솔직하고 극적인 형태로 박제되어 있기 때문입니다. 이제 올림포스의 문을 닫으며, 이 신화들이 인류에게 남긴 거대한 유산과 그 의미를 되새겨보고자 합니다.

　그리스 신화는 인류 최초의 '심리학 보고서'라고 해도 과언이 아닙니다. 지그문트 프로이트와 칼 융 같은 현대 심리학의 거장들은 신화 속 갈등이 결코 신들만의 전유물이 아님을 발견했습니다. 우라노스를 거세한 크로노스, 크로노스를 전복한 제우스의 이야기는 왕권 찬탈극일 뿐만 아니라, 아들이 아버지의 권위에 도전하고 자신의 자리를 확보하려는 인간의 본능적인 심리, 즉 오이디푸스 콤플렉스의 신화적 투영입니다.

또한 제우스의 연인들에게 가차 없이 보복하는 헤라의 분노는 질투와 소유욕이라는 가장 파괴적인 감정을 대변합니다. 이는 결혼이라는 제도와 사랑의 불안정성으로 발생하는 인간관계의 본질적인 갈등을 신성神性의 이름으로 기록한 것입니다. 한편 나르키소스에게서 자기애의 함정을, 에코에게서 소통의 부재를, 에로스와 프시케에게서 영혼의 성숙을 배웁니다. 신화는 이렇듯 각자의 마음속에 살고 있는 신과 괴물을 보여주는 거울인 셈입니다.

그리스 신화의 가장 거대한 주제는 신들조차 거스를 수 없는 절대적인 힘, 바로 운명입니다. 하지만 신화는 인간에게 운명에 무기력하게 순응하라고 가르치지 않습니다. 오히려 그 거대한 운명의 바다에 맞서 노를 젓는 인간의 자유의지와 그 숭고함에 찬사를 보냅니다. 그렇기에 프로메테우스는 제우스에게 영원히 간을 파먹힐 고통을 예견했음에도 인간에게 불을 전해주었습니다. 이는 필연적인 고통 앞에서도 굴복하지 않는 인간 정신의 위대함을 상징합니다. 또한 오디세우스는 포세이돈의 저주라는 가혹한 운명 속에서 10년을 방랑했지만, 끝내 자신의 지혜와 끈기로 고향 이타카에 도달했습니다.

신화는 우리에게 말합니다. 인간의 가치는 정해진 결말에 있는 것이 아니라, 그 결말을 향해 나아가는 과정에서 내리는 최선의 선택과 그 영웅적인 투쟁에 있다고 말입니다. 이것이 바로 신화가 오늘날 전해주는 실존주의적 위로입니다.

그리스 신화는 인문학의 화석이 아니라, 지금도 끊임없이 영양분을 공급하는 문화의 토양이기도 합니다. 그래서 언어, 학문, 예술의 도처에 신화의 흔적이 숨어 있습니다. 수요일과 목요일 같은 요일부터, 은하수 같은 과학 용어, 아킬레스건, 판도라의 상자, 미다스의 손 같은 관용구는 신화 없이는 설명이 불가능합니다.

현대 대중문화에 끼친 영향도 무시할 수 없습니다. 조앤 K. 롤링의 《해리 포터》 속 영웅 서사와 괴수는 고대 신화의 변주곡이며, 마블이나 DC의 슈퍼히어로들은 제우스(토르), 아레스(헐크), 아테나(원더우먼)의 이미지를 현대적으로 재해석한 반신반인의 재림입니다. 현대의 영화, 게임, 소설이라는 새로운 성전 속에서 신들은 외형만 바꾼 채 우리와 함께 숨 쉬고 있습니다.

이렇게 올림포스의 완성이라는 거대한 장을 마무리합니다. 지금껏 신화 속에서 인간의 가장 비천한 욕망부터 가장 고결한 희생까지 목격했습니다. 그리스 신화는 완벽한 신들의 이야기가 아닙니다. 오히려 실수하고, 질투하고, 사랑하며, 고뇌하는 신들의 모습을 통해 인간적인 것의 의미를 탐구합니다. 우리가 '패닉'의 공포 속에서 목신 판의 비명을 듣고, '나르시시즘'의 거울 속에

○─ 〈신들의 회의〉 (1517~1518), 라파엘로(Raffaello Sanzio)

이탈리아 중부에 있는 빌라 파르네시나의 프레스코화 중 하나로, 그리스 로마 신화의 올
림포스 신들이 한자리에 모여 프시케를 신으로 받아들일지 논의하는 장면을 담고 있다.
날개 달린 모자와 의술을 상징하는 지팡이, 월계관, 삼지창, 독수리, 케르베로스 등 신화
속 상징을 통해 어떤 신인지 알 수 있다.

서 자신을 찾으며, '에코'의 울림 속에서 사랑의 허망함을 느끼는 한, 그리스 신화는 영원히 끝나지 않을 것입니다.

신화는 인간에게 남은 가장 오래된 지도입니다. 삶이라는 미로 속에서 길을 잃었을 때, 아리아드네의 실타래처럼 우리를 안내해줄 지혜가 이 속에 담겨 있습니다. 여러분의 마음속에는 어떤 신이 잠자고 있습니까? 여러분은 자신의 운명이라는 전차를 어떻게 몰고 있습니까?

올림포스의 신들은 죽지 않았습니다. 여러분의 생각과 행동 속에서 다시 한번 찬란하게 부활할 준비를 하고 있습니다.

신화가 남긴 메아리

지금까지 혼돈의 카오스에서 시작해 별자리가 된 연인들의 슬픈 노래에 이르기까지, 시공간을 초월한 그리스 신화의 거대한 강물을 거슬러 올라왔습니다. 이제 올림포스의 높고 가파른 성문을 나서 지상으로 돌아온 여러분에게, 신화는 어떤 메아리를 남겼나요?

첫 번째 메아리 "가장 인간적인 것이 가장 신성하다"

우리가 만난 올림포스의 신들은 완벽하지 않았습니다. 그들은 질투하고, 분노하고, 때로는 사랑 때문에 눈이 멀기도 했습니다. 신들의 인간적인 면모는 우리에게 중요한 사실을 일깨워줍니다. 우리가 가진 불완전함과 요동치는 감정들은 부끄러워해야 할 결점이 아니라, 생명의 에너지가 용솟음치고 있다는 가장 강력한 증거라는 사실입니다. 신화는 여러분의 고뇌와 열망이 바로 여러분의 안에 깃든 신성의 발현이라고 말합니다.

두 번째 메아리 "운명이라는 바다를 항해하는 법"

신화 속 인물들은 예외 없이 가혹한 운명의 소용돌이에 휘말렸습니다. 하지만 그들은 운명에 무릎 꿇는 대신 자신의 의지로 돛을 올렸습니다. 제우스의 형벌을 예견하고도 인류를 위해 불을 훔친 프로메테우스의 결단, 그리고 하데스의 지하 세계까지 내려가 아프로디테의 불가능한 시험들을 통과해낸 프시케의 집념은 삶의 위대한 가치가 '무엇을 겪느냐'가 아니라 '어떻게 맞서느냐'에 달려 있다는 것을 가르쳐줍니다. 여러분 앞에 놓인 삶의 난관들이 제우스의 번개나 포세이돈의 파도처럼 거세게 느껴질 때, 여러분 안에 이미 그 운명을 돌파할 프로메테우스의 인내와 프시케의 용기가 있음을 기억하세요.

세 번째 메아리 "오만과 성찰"

아라크네의 거미줄과 니오베의 눈물 흘리는 바위는 인간에게 오만함을 경계하라고 합니다. 자신의 재능과 권력이 신의 영역을 넘어섰다고 믿는 순간 파멸이 시작되었습니다. 그러나 피그말리온의 지극한 사랑과 미다스의 참회는 우리에게 다시 일어설 기회를 보여줍니다. 신화는 겸손하라고 가르치는 동시에, 진심 어린 갈망과 반성이 있다면 차가운 대리석 조각상조차 따뜻한 살결을 지닌 생명으로 바뀔 수 있다는 희망을 던집니다.

이제, 여러분의 신화를 쓰십시오

이제 이 책을 덮으면 올림포스의 신들은 다시 무의식 저편으로 돌아갈 것입니다. 하지만 그들이 남긴 유산은 사라지지 않습니다. 여러분이 누군가와 소통할 때 헤르메스가 혀끝에 머물 것이며, 새로운 것을 창조할 때 헤파이스토스의 망치가 손끝에서 울릴 것입니다. 그리고 사랑에 빠질 때, 프시케처럼 영혼의 성장을 경험할 것입니다.

신화라고 부르는 이 이야기들은 사실 인류가 수만 년 동안 쌓아 올린 '삶의 사용 설명서'입니다. 이 긴 여정을 마친 여러분은 이제 단순한 독자가 아니라, 고대의 지혜를 어깨에 얹고 자신의 삶이라는 전차를 모는 새로운 영웅입니다.

세상의 모든 시작은 신화였고, 세상의 모든 끝은 또 다른 전설이 됩니다. 여러분의 하루하루가 올림포스의 빛나는 에피소드처럼 찬란하기를, 그리고 앞으로 써 내려갈 삶의 신화가 누군가에게 또 다른 별자리가 되기를 진심으로 응원합니다.

올림포스를 향한 여정은 끝났지만, 여러분의 위대한 항해는 지금부터 시작입니다. 이제 영웅의 시대, 새로운 이야기가 시작됩니다.

– 올림포스 인물 사전 –

o 올림포스의 신

제우스 Zeus: 신들의 왕이자 하늘과 번개의 지배자. 질서의 수호자이지만 수많은 변신과 외도로 신화의 주요 사건들을 만들어내는 장본인.

헤라 Hera: 신들의 여왕, 결혼과 가정의 수호신. 제우스의 아내로서 강력한 권위를 가지며, 질투와 복수를 통해 가문의 규율을 엄격히 지키려 했다.

포세이돈 Poseidon: 바다와 지진의 신. 삼지창 트라이던트을 휘두르며 거친 야성과 변덕스러운 바다의 힘을 상징.

데메테르 Demeter: 대지와 곡물의 여신. 딸 페르세포네를 향한 모성애와 그로 인한 계절의 변화를 관장하는 풍요의 상징.

아테나 Athena: 지혜, 전쟁, 직조의 여신. 제우스의 머리에서 갑옷을 입고 태어났으며, 이성적인 전략과 문명의 기술을 수호한다.

아폴론 Apollon: 태양, 음악, 예언, 궁술의 신. 광명과 이성을 상징하며, 리라를 연주하는 예술의 신이기도 하다.

아르테미스Artemis: 달과 사냥의 여신, 처녀들의 수호자. 순결을 중시하며 은빛 활을 들고 야생을 누비는 냉혹하고 고결한 사냥꾼.

아레스Ares: 전쟁과 파괴의 신. 광기 어린 살육과 전장의 공포를 상징하며, 아테나와 대조되는 거친 본능의 전사.

아프로디테Aphrodite: 사랑과 미의 여신. 바다 거품에서 태어났으며, 신과 인간 모두를 사랑의 노예로 만드는 거부할 수 없는 매혹의 소유자.

헤파이스토스Hephaestus: 불과 대장간의 신. 추한 외모로 인해 버림받았으나, 최고의 기술로 신들의 무기와 보물을 만드는 장인.

헤르메스Hermes: 전령과 여행자, 상업, 도둑의 신. 날개 달린 신발을 신고 신들의 소식을 전하며, 재치와 영악함으로 경계를 넘나든다.

디오니소스Dionysus: 포도주와 축제, 광기의 신. 제우스의 허벅지에서 두 번 태어났으며, 인간을 황홀경과 예술적 영감으로 이끄는 방랑자.

○ 지하 세계와 태초의 존재

하데스Hades: 지하 세계와 죽은 자들의 왕. 냉정하고 엄격하지만 공정한 통치자이며, 한 번 들어온 영혼은 결코 내보내지 않는 질서의 주인.

페르세포네Persephone: 하데스의 왕비이자 데메테르의 딸. 봄의 전령인 동시에 지하 세계의 안주인으로, 삶과 죽음의 순환을 상징.

에로스Eros: 사랑의 신. 황금과 납의 화살을 쏘아 감정을 조절하며,

태초의 결합하는 힘이자 아프로디테의 아들로 묘사된다.

o 요정 및 정령

다프네Daphne: 아폴론의 구애를 피해 월계수로 변한 요정. 원치 않는 사랑에 대한 거부와 절개를 상징.

에코Echo: 헤라의 저주로 남의 말만 되풀이하게 된 요정. 나르키소스를 사랑했으나 목소리만 남은 메아리가 되었다.

클리티아Clytia: 아폴론을 짝사랑하다 해바라기가 된 요정. 변하지 않는 그리움과 집착의 상징.

프시케Psyche: 인간 공주였으나 에로스와의 사랑과 시련을 통해 '영혼'의 여신이 된 인물. 나비로 상징된다.

o 인간 및 영웅

니오베Niobe: 자식 자랑을 하다 신들의 노여움을 사 자식들을 잃고 영원히 눈물 흘리는 바위가 된 비극적인 어머니.

아라크네Arachne: 아테나에게 베짜기 대결을 신청한 오만한 천재 소녀. 신의 질투로 거미가 되었다.

오르페우스Orpheus: 죽은 아내를 구하러 지하 세계까지 내려간 전설적인 음악가. 뒤를 돌아보지 말라는 금기를 깨 비극을 맞이한다.

에우리디케Eurydice: 오르페우스의 아내. 뱀에 물려 죽은 뒤, 남편의 실수로 영원히 지하 세계에 남게 된 비운의 여인.

미다스Midas: 손에 닿는 모든 것을 황금으로 바꾸는 소원을 빌었다가 탐욕의 대가를 치른 프리기아의 왕.

피그말리온Pygmalion: 자신이 조각한 상과 사랑에 빠진 조각가. 간절한 예술적 염원으로 조각상 갈라테아에게 생명을 불어넣었다.

나르키소스Narcissus: 물에 비친 자신의 모습과 사랑에 빠져 죽은 뒤 수선화가 된 미소년. 자기애나르시시즘의 어원이 되었다.

빅데이터 시대에
10대가 꼭 알아야 할 그리스 신화

올림포스의 신들

초판 인쇄일　2026년 3월 16일
초판 발행일　2026년 3월 30일

지은이　　양승욱
펴낸이　　김순일
펴낸곳　　주니어미래
신고번호　제2024-000016호
주소　　　경기도 고양시 덕양구 삼송로 222, 현대헤리엇 업무시설동(101동) 301호
전화　　　02-715-4507
팩스　　　02-713-4805
이메일　　mirae715@hanmail.net
홈페이지　www.miraepub.co.kr
블로그　　blog.naver.com/miraepub

ISBN 978-89-7299-593-7 (44140)
ISBN 978-89-7299-565-4(세트)

주니어미래는 미래문화사의 청소년 브랜드입니다.

- 미래문화사에서 여러분의 원고를 기다립 니다.
  단행본 원고를 mirae715@hanmail.net으로 보내 주세요.
- 이 책은 저작권법에 따라 보호받는 저작물이므로 무단 전재와 무단 복제를 금지하며,
  이 책 내용의 전부 또는 일부를 이용하려면 반드시 저작권자와 미래문화사의
  서면 동의를 받아야 합니다.
- 잘못 만들어진 책은 바꾸어 드립니다.
- 책값은 뒤표지에 있습니다.